W0192299

TILL HÄGELE

Turbo
Pflanzen

Schnelle, effektvolle Begrünung

blv

Was Sie in diesem Buch finden

Was sind Turbopflanzen?

Effektiv gestalten mit Grün

Schnelles Wachstum, um Flächen zu begrünen, rasch unschöne Ecken hinter Pflanzen verschwinden zu lassen, ein schattiges Plätzchen zu schaffen, mit besonderen Pflanzen Akzente zu setzen oder um mit Pflanzen Lösungen für Problemstandorte zu finden – eine ideenreiche Gartengestaltung ist reine Begeisterung und kann mit Turbopflanzen einfach und schnell realisiert werden. Zeit im Garten zu verbringen oder den Balkon originell zu gestalten liegt voll im Trend. Der Umgang mit Pflanzen macht Spaß, entspannt und ist eine interessante Abwechslung. Mit einer klugen Pflanzenwahl kommt schnell Freude auf, besonders wenn treibende Blätter und Blüten die eigenen Anstrengungen belohnen. Durch ebendiese Anstrengungen weiß man aber auch, dass Pflanzen nicht ganz von alleine wachsen. Pflanzen und Standort müssen zueinander passen, sonst vervielfacht sich die Mühe meist.

Das sind Turbopflanzen

Der Begriff Turbopflanze zielt darauf ab, wie mit Pflanzen innerhalb kürzester Zeit tolle Effekte erzielt werden können. In Sachen Wuchsleistung, Habitus, Form oder Robustheit besitzen alle in diesem Buch vorgestellten Pflanzen Turbo-Eigenschaften, die gewinnbringend auf dem Balkon und im Garten eingesetzt werden können. Fünf häufig anzutreffende Problemsituationen werden beschrieben und passende Turbopflanzen für eine schnelle Begrünung vorgestellt. Ganz bewusst sind bei den Pflanzenporträts nicht zu viele Sorten genannt, denn Sorten sind manchmal recht modern und verschwinden entsprechend schnell wieder vom Markt. Die Pflanzenauswahl besteht zudem aus bekannten und weniger bekannten Arten, um nicht nur aus bewährten Evergreens auszusuchen, sondern auch dem erfahrenen Gärtner neue Anregungen bieten zu können. Alle beschriebenen Pflanzen sind im Handel

✸ Der Judasbaum *(Cercis*-Arten) imponiert im Frühjahr mit pinken Blüten und im Herbst mit toller Blattfärbung.

turboeinfach zu beziehen. Ehrgeizigen bietet sich die Möglichkeit, nach interessanten Sorten von diesen zu suchen.

Alle Pflanzen in diesem Buch gelten im Pflanzenhandel als winterhart. Nur wenige benötigen Winterschutz und dies meist auch nur während der ersten Jahre. Winterhärte ist kein eindeutiger Begriff, denn er beschreibt meist die Toleranz einer Pflanze gegen Kältestress. Es gibt hierbei sehr große regionale Unterschiede. In manchen Gegenden Deutschlands können Pflanzen, die als winterhart beschrieben werden, leicht erfrieren und in anderen wiederum nicht. Regionale Anpassungen für den Gebrauch von Winterschutz sind daher immer gegeben, um Pflanzenausfälle zu minimieren. Praktische Hilfestellungen dazu finden Sie im Kapitel über Winterschutz. Weitere Tipps zum Umgang mit den Pflanzen gibt es im Praxiskapitel in anfallender Reihenfolge der Tätigkeiten zum Kauf der Pflanze, zur Bodenvorbereitung, zum Auspflanzen, zum Düngen und zum Schnitt.

☀ Die Blüten dieser Waldrebe *(Clematis)* sind so üppig, dass niemandem mehr der hässliche Maschendrahtzaun auffällt, den die Pflanze ganz praktisch als Kletterhilfe nutzt.

Turboeffekte

Unter Turbolader, kurz Turbo, versteht man allgemein eine technische Einrichtung zur Verbesserung einer maschinellen Leistung. So ein Bauteil hat sich vermutlich jeder Gärtner schon einmal für seine Pflanzen gewünscht. Manche Pflanzen haben den Turbo aber quasi serienmäßig eingebaut.

Turbowachstum

Pflanzen, die über Nacht in den Himmel wachsen, gibt es nur im Märchen – in Form von Zauberbohnen. Allerdings gibt es tatsächlich sehr wüchsige Pflanzen, wie den Blauglockenbaum oder den Schling-Knöterich, die bis zu acht Meter im Jahr zulegen. Diese Pflanzen gehören selbstverständlich zu den Turbopflanzen. Schnelles Wachstum besitzt eine große Faszination, doch sich nur auf schnellwüchsige Pflanzen zu konzentrieren würde dem facettenreichen Verwendungsspektrum von Pflanzen nicht gerecht. Die hier vorgestellten Pflanzen zeigen deshalb nicht nur ein Turbowachstum, es gibt zusätzlich weitere Effekte wie außergewöhnliche Blätter, Blüten oder einen besonderen Wuchscharakter, die von großem Zier-Wert sind.

Turbobegrünung von Objekten

Verlockend klingt die Aussicht, unschöne Objekte innerhalb kürzester Zeit hinter Pflanzen verstecken zu können. Zwar kann dies nicht innerhalb von Tagen oder Wochen erreicht werden, mit ein paar Abstrichen ist jedoch schon direkt nach dem Pflanzen eine optische Verbesserung sichtbar. Und nach wenigen Jahren ist das unschöne Objekt hinter Blättern und Blüten verschwunden. Einige dieser Pflanzen sind auch als Schattenspender wirksam. Im Garten oder in Gefäßen auf Balkon und Terrasse verwendet, schaffen sie schöne Räume, die als Sitzecken dienen und zum Ausruhen einladen.

Turboeffekte erzielen

Einzelne exotische Pflanzen, die ins Auge stechen, oder Rabatten, die vor Formen, Farben und Blüten überquellen, beeindrucken natürlich großartig. Doch nicht immer muss ein großer Aufwand mit vielen Pflanzen betrieben werden, um zu beeindrucken. In urbanen Gärten sind solche Anlagen zudem kaum umsetzbar, da sie viel zu platzaufwendig sind. Allein ein schöner Solitärbaum mit einer interessanten Blattform und einer prächtigen Herbstfärbung, wie der Fächer-Ahorn oder der Amberbaum beispielsweise, setzt schon das ganze Jahr über einen spektakulären Akzent im Garten. In Gruppen oder vor Rabatten wird dieser Effekt sogar noch verstärkt. Wenn die Herbstfärbung dann ein prächtiges Farbenspiel im Garten inszeniert, kann der Herbst nicht mehr lange genug dauern. Die langlebigen Pflanzen sind dann schon bald nicht mehr aus dem Garten wegzudenken und füllen den ihnen zugedachten Platz immer weiter aus.

☀ Der Schokoladenwein *(Akebia quinata)* bildet schnell ein zauberhaftes Geflecht auf Pergolen oder Lauben, spendet Schatten und schützt vor Wind und Regen.

Turboschnelle Problemlöser

Tiefschattige Plätze unter Bäumen oder Sträuchern, sengende Hitze und Trockenheit und wenig Zeit, sich um sie zu kümmern – unmögliche Bedingungen für Pflanzen? Diese Probleme finden sich häufig, doch es gibt Pflanzen, die auch mal vernachlässigt werden können und sogar noch ausdauernd und reichlich blühen. Auch jenseits von Kaktus und Co. gibt es wahre Überlebenskünstler im Pflanzenreich. Solche Problemlöser werden für viele Situationen in Gärten benötigt, denn ohne sie würden viele Bereiche brachliegen. Sie gehören natürlich als turboschnelle Problemlöser auch in dieses Buch.

Pflanzennamen im Buch

Pflanzen besitzen immer zwei Namensarten: umgangssprachliche und wissenschaftliche Namen. Der wissenschaftliche Name ist präziser, da er eindeutig ist und nur ein einziger wissenschaftlicher Name für eine Pflanze gilt. Manchmal gibt es auch hier Schwierigkeiten, da meist durch neuere wissenschaftliche Bearbeitungen Synonyme existieren. Im praktischen Gebrauch wird ein möglichst verbreiteter Umgangsname verwendet und botanische Gattungs- und Artnamen werden hinzugefügt. Die Angabe beider Namen in diesem Buch ermöglicht ein schnelles Nachschlagen in den Pflanzenlisten.

Flächen begrünen

Freiflächen

Freiflächen entstehen im Zuge von Bebauungen und bleiben als Gartenraum übrig. Sie finden sich in vielen Hausgärten neben oder vor Gehölzen, Rabatten, Seitenbeeten, im Vorgarten oder vor der Haustür. Diese Bereiche sind dem Wetter für gewöhnlich besonders stark ausgesetzt. Der Boden kann hier stark austrocknen, wodurch sie sich nicht unbedingt für Blumenbeete eignen. Die im Folgenden vorgestellten bodendeckenden Pflanzen (Bodendecker) wachsen mit **Rhizomen** oder **Ausläufern** nahezu unbegrenzt in die Breite und beanspruchen so große Flächen für sich. Da sie einmal Unkräuter unterdrücken

sollen, ist das durchaus so gewollt. **Rhizome** sind kurze, horizontal wachsende Sprosse, die unterhalb der Oberfläche gebildet werden und so Pflanzen schnell in die Breite wachsen lassen. Bei **Ausläufern** handelt es sich um lange Triebe, die über die Erde kriechen und sich an den auf dem Boden aufliegenden Stellen bewurzeln. Dadurch entsteht ein dichtes Geflecht aus vielen eigenständigen Tochterpflanzen.

Für eine zufriedenstellende Begrünung von Freiflächen müssen die verwendeten Stauden sich nicht nur rasch horizontal ausbreiten, sie müs-

❋ Das Stachelnüsschen (hier *Acaena microphylla*) bildet niedrige Teppiche mit bizarren Fruchtständen und eignet sich gut als Lückenfüller zum Beispiel im Vorgarten.

sen am besten auch im Winter grün bleiben, dürfen nur wenig Ansprüche an den Boden stellen und müssen mit wechselhaften Standortbedingungen (halbschattig oder sonnig je nach Tageszeit) zurechtkommen. Mit ihrem einnehmenden Wachstum formen sie Teppiche, mit denen sie die Bodenoberfläche geschlossen halten. Samenunkräuter können hier im Frühjahr nicht aufkeimen und auch keine Folgegenerationen schaffen. Den größten Erfolg erzielt man mit einer Pflanzdichte von bis zu 10 Pflanzen pro Quadratmeter. Um Kosten zu sparen, kann die Pflanzenanzahl zwar um bis zu einem Drittel reduziert werden, es dauert dann eben entsprechend länger, bis die Pflanzen die Oberfläche vollständig geschlossen haben. Ist dies erst einmal geschehen, ist nicht mehr viel Pflege nötig, da Unkräuter dann von der Pflanzendecke unterdrückt werden. Leider bleiben Wurzelunkräuter wie Schachtelhalm oder Giersch davon unberührt.

Viele bodendeckende Stauden bilden nicht nur einen grünen, sondern einen wahren Blütenteppich. Bienen, Hummeln, Schmetterlinge und andere Insekten sind dankbare Abnehmer für die von den Blüten angebotenen Nahrungsquellen Pollen und Nektar. Und sollten die Pflanzen mit ihrem Ausbreitungsdrang dann doch einmal in Bereiche eindringen, in denen sie nicht wachsen sollen, kann man sie leicht durch Abstechen in ihre Schranken weisen.

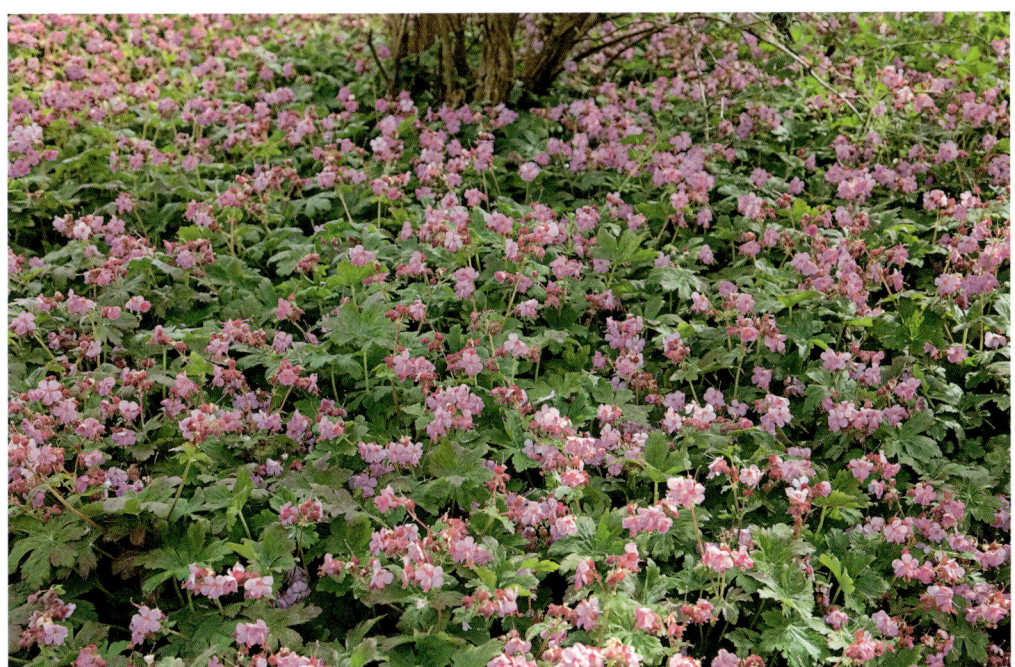

☀ Bodendecker müssen nicht nur grün sein. Der Storchschnabel *(Geranium macrorrhizum)* zeigt seinen Blütenteppich auch im Schatten oder am Gehölzrand.

Blauroter Steinsame
(Buglossoides purpurocaerulea)

⬆ 0,5 m　⬌ 0,6 m　◑　✿ 4–6

Habitus: Der blaurote Steinsame besitzt rauhaarige Blätter, wie der engverwandte Borretsch, doch seine Blüten verfärben sich von purpurfarben zu dunkelblau. Die Früchte enthalten den harten Samen, auf den sich sein Name bezieht.

Verwendung: Der blaurote Steinsame bedeckt durch seine Rhizome leicht große Flächen, besonders wenn er am Gehölzrand oder in Rabatten gepflanzt wird. Die heiße Mittagssonne verträgt er nicht.

Hinweise: An den Triebspitzen bilden sich häufig Wurzeln, die sofort einwurzeln, sobald ein Trieb den Boden berührt. Der blaurote Steinsame benötigt etwas Zeit, um an seinem Standort einzuwachsen, später kann er auch einmal kräftig zurückgeschnitten werden. Er zeigt eine hohe Kalkverträglichkeit und eignet sich auch für steinige Untergründe.

Bleiwurz
(Ceratostigma plumbaginoides)

⬆ 0,3 m　⬌ 0,4 m　◑–◯　✿ 8–10

Habitus: An den roten Sprossen bilden sich borstig behaarte, leuchtend grüne Blätter mit einem welligen Rand, die sich im Herbst rotbraun verfärben. Die azurblauen Blüten erscheinen im Spätsommer.

Verwendung: Die wärmeliebende Bleiwurz eignet sich besonders für die Pflanzung an Terrassen und an Böschungen.

Hinweise: Die rhizombildende Staude wächst auf nahezu allen Bodenarten und deckt die Oberfläche dicht ab, sodass kein Unkraut mehr aufkeimt. Eine Pflanzung im Frühjahr und Winterschutz im ersten Jahr nach der Pflanzung helfen der Pflanze einzuwachsen. Die Bleiwurz mag es, wenn sie im Herbst mit Falllaub abgedeckt wird, das auch ein natürlicher Winterschutz ist. Erst im Frühjahr vor dem Austrieb zurückschneiden, sie treibt teilweise erst sehr spät wieder aus (April/Mai).

Wuchs: ⬆ Höhe / ⬌ Breite in Metern　**Standort:** ◯ sonnig ◑ halbschattig ● schattig　**Blütezeit:** ✿ in Monaten

Dickmännchen
(Pachysandra terminalis)

⬆ 0,2 m   ⬌ 0,6 m   ●–◐   ❀ 4–5

Habitus: Die immergrünen Blätter bilden an den Triebspitzen einen dichten Teppich, durch den kein Unkraut hindurchkommt. Schwach nach Flieder duftende weiße Blüten zeigen sich an den Blütenständen.

Verwendung: Freiflächen, die eher schattig liegen, können vorzüglich mit dem Dickmännchen begrünt werden.

Hinweise: Das Dickmännchen bildet unterirdische Ausläufer. Wenn es nicht durch Einfassungen begrenzt wird, kann es theoretisch unbegrenzt in die Breite wachsen. Viel Pflege benötigt es nicht, anspruchslos wächst diese Pflanze auf nahezu jedem Untergrund. Wenn das Dickmännchen unter Laubbäumen wächst, ist das Falllaub im Herbst kein Problem, es rutscht zwischen den Pflanzen hindurch und dient als natürlicher Dünger. Rückschnitt nach Bedarf wird vertragen.

Elfenblume
(Epimedium-Arten)

⬆ 0,3 m   ⬌ 0,6 m   ●–◐   ❀ 4–5

Habitus: Die meisten Arten besitzen farbige Austriebe mit zum Teil farblich bemusterten Blättern. Wenn nicht von Haus aus immergrün, färben sich die Blätter im Herbst bronzefarben. Die Blüten in Weiß, Pink oder Gelb sind interessant geformt.

Verwendung: Elfenblumen eignen sich besonders als Unterpflanzung von Bäumen oder großen Sträuchern sowie zur Begrünung schattiger Flächen.

Hinweise: Für die Flächenbegrünung sind die rhizombildenden Arten besonders empfehlenswert, u.a. die Schwarzmeer-Elfenblume *(E. pinnatum* ssp. *colchicum)*, Cambridge-Elfenblume *(E. × cantabrigiense)*, *E. × perralchicum*, *E. × versicolor* 'Sulphureum' oder *E. × warleyense*. Da die Rhizome der Elfenblumen recht nah an der Bodenoberfläche liegen, sollte man Falllaub als natürlichen Winterschutz liegen lassen.

Frauenmantel
(Alchemilla mollis)

⬆ 0,4 m   ↔ 0,75 m   ◐–○   ✿ 6–7

Habitus: Das Laub ist sehr weich und fühlt sich angenehm an. Die schwefelgelben, auch von Bienen gerne angeflogenen Blüten duften schwach und erscheinen an Blütenständen oberhalb des Laubs. Die Früchte sind unscheinbar, samen sich aber leicht aus, sodass sich schnell dichte Bestände bilden.

Verwendung: Diese anspruchslose Staude eignet sich für Rabatten, Einfassungen oder alle anderen offenen Flächen.

Hinweise: Es gibt verschiedene Frauenmantel-Arten, sodass sich Arten- und Sortenvergleiche lohnen. Um unkontrolliertes Aussamen zu verhindern, kann der Frauenmantel nach der Blüte abgemäht werden. Als remontierende Staude treibt er, ohne Schaden zu nehmen, wieder durch. Frauenmantel ist sehr trockenheitstolerant, auch in niederschlagsarmen Sommern bleibt die Frauenmantel-Rabatte ansehnlich.

Immergrün
(Vinca minor und *V. major)*

⬆ 0,4 m   ↔ 0,5 m   ●–○   ✿ 4–5

Habitus: Die immergrünen Blätter können bei einigen Sorten auch weiß oder gelb (Sorte: 'Aureovariegata') panaschiert sein und erweitern die Kombinierbarkeit mit anderen Pflanzen. Lila oder bläuliche Blüten erscheinen im zeitigen Frühjahr reichlich.

Verwendung: Diese robuste verholzende Pflanze ist in ihrer Verwendung sehr variabel und kann an vielen Standorten wie vor Gehölzen oder schattigen Mauern gepflanzt werden.

Hinweise: Das Immergrün ist ein Alleskönner, eine anspruchslose Pflanze, die es mit jedem Untergrund und Standort aufnimmt. Das Blütenfarbenspektrum wurde um Sorten in Weiß, Dunkellila, Bordeaux und dunklen Purpurtönen erweitert. In sehr rauen Gegenden wird das Immergrün nach der Pflanzung als frostempfindlich beschrieben und benötigt dort Winterschutz.

Knöterich

(Persicaria affinis und P. amplexicaulis)

⬆ 0,3 m ⬌ 0,4 m ◐–○ ✿ 7–9

Habitus: Das halbimmergrüne Laub färbt sich im Winter rot-bronzefarben. An den schlanken Ähren erscheinen die purpurnen, hellroten oder weißen Blüten, die stark nuancieren. Vielen Insekten dienen sie als wertvolle Nahrungsquelle.

Verwendung: Häufig wird der Knöterich in Staudenbeeten verwendet, eignet sich aber genauso für Rabatten und Böschungen.

Hinweise: Mit seinen äußerst langlebigen Horsten lässt er kein Unkraut aufkommen. Die abgeblühten Blütenähren färben sich braun und zieren auch im Winter die Pflanze. Anfangs sollte Knöterich Winterschutz erhalten; wenn er im späten Herbst zurückgeschnitten wird, treibt er im Frühjahr umso kräftiger durch. Die hier vorgestellten Knöterich-Arten besitzen nicht das Wucherpotenzial verwandter Arten. Sie wachsen eher horstig.

Stachelnüsschen

(Acaena buchananii und A. microphylla)

⬆ 0,1–0,15 m ⬌ 0,6 m ○ ✿ 6–7

Habitus: Die silbergrauen Blätter bleiben auch im Winter grün. Die Sorte 'Kupferteppich' von *A. microphylla* hat bronzefarbenes Laub. Die Blüten sind unscheinbar. Ab Juli/August reifen die leuchtend roten Samenkugeln heran.

Verwendung: Mit dem Stachelnüsschen kann man schnell sonnige und wechseltrockene Flächen begrünen, was es auch für Terrasseneinfassungen oder Dachbegrünungen interessant macht.

Hinweise: Mit aufliegenden Trieben formt das Stachelnüsschen weitläufige Teppiche, trotzdem lässt es sich gut kontrollieren und neigt nicht zum Verwildern. Die klettenartigen Früchte werden in der Natur durch Hängenbleiben in Tierfellen verbreitet, doch für Haustiere können sie lästig sein. Die trockenen Früchte sind in der Floristik sehr beliebt, da sie lange ihre braunrote Farbe behalten.

Storchschnabel

(Geranium macrorrhizum und andere Arten)

⬆ 0,25 m   ⬌ 0,6 m   ◑–○   ✿ 6–7

Habitus: Das aromatisch duftende Laub dieser halbimmergrünen Staude zeigt eine tolle orangerote Herbstfärbung. In dichten Beständen bildet sich im Sommer ein zartrosa Blütenmeer. Die roten Kapselfrüchte wirken beim Ausreifen exotisch.

Verwendung: Der Storchschnabel wächst zu großen Kissen oder Teppichen vor Mauern, Hauswänden oder am Rand von Gehölzen heran.

Hinweise: Einmal gepflanzt, breitet sich der Storchschnabel kontinuierlich ohne Wucherpotenzial aus. Mit einem Spaten kann er leicht abgestochen werden. Sorten und Arten erweitern Blütenfarben und Blattformen. Einziges Verwendungshemmnis sind lehmige Böden, die nicht nur die Rhizome aufhalten, sondern auch zu stauender Nässe neigen, was der Storchschnabel nicht gut verträgt.

Taubnessel

(Lamium galeobdolon und *L. maculatum)*

⬆ 0,25 m   ⬌ 0,6 m   ●–◑   ✿ 5–9

Habitus: Das immergrüne, silbergestreifte Laub erinnert an eine Brennnessel, besitzt aber keine Brennhaare. *Lamium galeobdolon* besitzt bräunlich-gelbe, *L. maculatum* rosa Blüten. Hummeln und Bienen lieben beide.

Verwendung: Mit ihren Ausläufern können Taubnesseln innerhalb kürzester Zeit mattenartige Teppiche an schattigen bis halbschattigen Standorten bilden, sogar unter Bäumen, ohne an ihnen hochzuwachsen.

Hinweise: Die Taubnessel bevorzugt lockere, sandige Böden an Gehölzrändern und begrünt mit ihrem attraktiven Laub schnell große Flächen. Besonders rasant wächst die gefleckte Taubnessel *(Lamium galeobdolon)*, weshalb häufig schwachwüchsigere Sorten verwendet werden. Durch ihr rasches Wachstum ist sie nicht für Mischpflanzungen mit anderen Pflanzen zu empfehlen.

Bienenweiden

Bienen nehmen eine sehr wichtige Funktion in der Ökologie ein. Sie sammeln Nektar und Pollen und bestäuben dabei die Blüten. Es gibt zwar auch Windbestäuber, sehr viele Pflanzen sind aber auf die Bestäubung durch Bienen angewiesen. Ohne Bienen kein Apfel. Doch den Bienen geht es durch die Intensivierung der Landwirtschaft und die Ausbreitung eines Bienenparasiten (der Varroamilbe) schlecht, sodass sich in den letzten Jahren viele Initiativen für sie gebildet haben.

Teilweise finden Bienen inzwischen mehr Blumen in urbanen Gegenden als auf Kulturflächen. Jeder kann ihnen mit geeigneten Pflanzen im Garten oder auf dem Balkon helfen. Viele Lippenblütler wie die links vorgestellte Taubnessel werden gerne und stark von den Bienen angeflogen. Aber auch der Frauenmantel mit seinen reichlichen Blüten steht bei den Bienen hoch im Kurs. Als Bodendecker gepflanzt, sind sie durch ihre Masse regelrechte Bienenweiden. Da Bodendecker meist größere Flächen begrünen, wachsen hier viele Pflanzen pro Quadratmeter, das bedeutet natürlich auch viele Blüten pro Quadratmeter. Es muss also nicht unbedingt eine Blumenwiese sein. Auch mit den richtigen Bodendeckern kann man die fleißigen Insekten unterstützen.

Es gibt eigentlich keinen Grund, Pflanzenschutzmittel auf Bodendeckerflächen einzusetzen, sodass die Bienen hier von den viel diskutierten und bienengefährlichen Stoffen, wie z. B. den Neonicotinoiden, die in einigen Pflanzenschutzmitteln zum Einsatz kommen, verschont bleiben.

🔴 Ebenfalls gut für eine Unterpflanzung von Gehölzen passt die Frühlings-Platterbse *(Lathyrus vernus)*, die auch von Hummeln und Bienen geliebt wird.

Mauern und Fassaden

Es sind nicht immer nur Bürogebäude, die große Fassaden mit viel vertikaler Fläche besitzen. Auch im Hausgarten finden sich viele vertikale Flächen, die für Begrünungen geeignet sind. Allein ein Grundstück mit Haus bietet mit Vorbauten, Säulen, Pergolen, Balustraden, Mauern und Wänden viele solcher Bereiche, nur um ein paar Beispiele zu nennen.

Nützlicher und schöner Bewuchs

Die Begrünung vertikaler Flächen bietet viele praktische Vorteile und fördert einen naturnahen Wetterschutz sowie ein ausgeglichenes Mikroklima. Blanke Steinflächen heizen sich im Sommer schnell und intensiv auf. Pflanzen bieten hier einen natürlichen Puffer und reduzieren die Temperatur um ein paar Grad Celsius. Diesen Effekt kann man sich einfach und schnell zunutze machen. Zudem liegen Fassadenbegrünungen voll im Trend, da Pflanzen uns in künstlich angelegten Städten ein wertvolles Stück grüner Natur zurückgeben. Vertikal begrünte Flächen bieten auch nützlichen Tieren und Insekten eine Herberge, sodass man den Begriff eines Biotops für eine begrünte Fassade verwenden möchte. Die Nützlinge sind auch im ländlichen Garten sehr willkommen, da sie naturgemäß dafür sorgen, Schädlinge wie Schnecken, Blattläuse & Co. im Zaum zu halten.

✴ Eine Turbokombination sind der Blauregen *(Wisteria floribunda)* an der Mauer und der Storchschnabel *(Geranium × magnificum)* davor.

Kletterpflanzen

Bei der vertikalen Begrünung ist die Auswahl einer geeigneten Rank- oder Kletterpflanze besonders wichtig, um Schäden an der Bausubstanz zu vermeiden. Schäden durch Pflanzen sind keine Kleinigkeit, da zerstörte Fallrohre oder abgehobene Dachziegel aufwendige Reparaturen notwendig machen. Eigentlich werden Kletterpflanzen in **Winder oder Schlinger** (die Haupttriebe wickeln sich um Kletterhilfen), **Ranker** (Seitentriebe oder Blätter winden sich um Kletterhilfen), **Hafter** (Organe wie Wurzeln oder Haftscheiben wachsen auf dem Untergrund fest) und **Klimmer** (krallen sich mit Dornen oder Stacheln fest, z. B. Rosen) unterschieden. Hiervon leiten sich auch die notwendigen Pflegemaßnahmen ab.

Ranker und Winder, wie der Blauregen, bilden mit ihren Trieben dicke Stämme, die im wahrsten Sinne Kletterhilfen zerquetschen oder erwürgen können. Sie müssen mit Abstand zu anderen Pflanzen, Bauteilen und dem Untergrund an massiven Kletterhilfen gezogen werden. Starker Rückschnitt von Zeit zu Zeit hält sie im Zaum. Sie verursachen vermutlich am häufigsten Bauschäden. Vor ihrer Pflanzung muss also sichergestellt sein, dass man ihnen ihre Entwicklung zugestehen kann.

Hafter, wie der Wilde Wein oder der Efeu, benötigen meist keine Kletterhilfen, da sie sich mit ihren eigenen Organen (Haftscheiben oder Luftwurzeln) festhalten. Möchte man sie irgendwann einmal entfernen, ist dies recht aufwendig und es bleiben Pflanzenreste auf dem Untergrund zurück.

Klimmer wie Kletterrosen sind die »zahmsten« Kletterpflanzen, denn sie benötigen zwar eine Kletterhilfe, können jedoch fast rückstandslos entfernt werden. Sie müssen sogar regelmäßig aufgebunden werden, da sie sonst eher überhängend wachsen und sich mit der vertikalen Begrünung schwer tun. Allerdings ist es die Mühe wert. Nicht ohne Grund wird die blühfreudige Rose als Königin der Blumen bezeichnet.

☀ Die Rose 'Snowdrift' überzieht hier den gesamten Torbogen mit ihrer weißen Pracht.

Pflanzen für die vertikale Begrünung müssen windstabil sein und dennoch kräftig wachsen. Kräftig bedeutet in diesem Zusammenhang zwischen einem und acht Metern pro Jahr.

Allerdings sollte bei der Pflanzenauswahl nicht nur auf Wuchsstärke gesetzt werden, auch wenn man zu einem schnellen Ergebnis kommen will. Denn eine rasante Entwicklung kann auch schwer kontrollierbar werden. Das Turbowachstum starkwüchsiger Pflanzen erfreut zwar im ersten Moment, doch es bedeutet auch, dass sich schnell und viel Biomasse bildet, die zu einem entsprechend großen Gewicht führt. Es können nach nur wenigen Jahren bereits

mehrere hundert Kilogramm zusammenkommen, Wind und Schneelast vervielfachen es zusätzlich. Damit Rank- und Kletterhilfen nicht unter der Last zusammenbrechen oder sogar die ganze Pflanze unter ihrem eigenen Gewicht, müssen die Hilfen ausreichend groß und stabil dimensioniert sein. Professionelle Fassadenbegrüner kennen die Stabilitätsprobleme meist sehr gut und bieten nicht nur Pflanzen, sondern auch gute Kletterhilfen an. Ein Einwachsen der Kletterpflanzen in das Dach, in Rolladenkästen oder unter Verschalungen ist durch Rückschnitt zu verhindern, da durch das Dickenwachstum der Pflanzen hier ernsthafte Schäden entstehen können.

☀ Die Pfeifenblume *(Aristolochia macrophylla)* ist unkompliziert, trägt exotische Blüten zur Schau und verdeckt mit ihren großen Blättern auch unschöne Bausubstanz.

Kletterpflanzen sind nicht nur wucherndes Grün

Unter den Kletterpflanzen gibt es viele Arten mit einigen Besonderheiten. Einige der interessantesten Blütenformen kommen nur bei Kletterpflanzen wie der Baumschlinge oder der Pfeifenblume vor. Die weinartigen Pflanzen (z. B. Wilder Wein) zeigen spektakuläre Herbstfärbungen. Mondsame und Hopfen besitzen sehr attraktives Laub und die farbenfrohen Früchte des Baumwürgers sind ein echter Hingucker. Schmackhaft und wahre Vitamin-C-Bomben sind die essbaren Früchte der Kiwi, die man im Herbst ernten kann. Die Blütenfülle des Blauregens ist selten erreicht und Bienen lieben die Blüten des Schling-Knöterichs.

Mit den hier vorgestellten Pflanzen und ihren individuellen Besonderheiten können Fassaden, hohe Wände und andere vertikale Flächen einfach, schnell und schön begrünt werden. Bedenken, dass das Falllaub, herabfallende Früchte oder klebriger Nektar den Bereich unter der Kletterpflanze sehr verschmutzen könnten, sind selten begründet. Zudem sind diese vermeintlichen Gartenabfälle wichtige Rohstoffe für Wildtiere und das ganze Ökosystem. Ein Teil des Falllaubs wird im Boden zersetzt und dient als Nahrung für die Bodenfauna und später als Nährstoffe für die Pflanzen. Beim Mulchen wird genau das gezielt gemacht. Die Früchte werden direkt von Vögeln, Igeln und anderen Tieren gefressen. Manchmal so schnell, dass für den Eigenbedarf nicht mehr viel übrig bleibt. Was in repräsentativen Bereichen wie Firmeneingängen oder Büroaußenanlagen optisch nicht ansprechend aussieht, kann im privaten Garten gerne auch mal erst eine Woche später aufgeräumt werden, sodass sich die Tiere und der Garten ihren Teil holen können.

Kletterpflanzen bieten auch immer gut versteckte Nisthilfen. Beim turnusmäßigen Schnitt sollte dies bedacht werden. Vor dem Austrieb im Frühjahr ist ein günstiger Zeitpunkt dafür, denn die meisten Vögel beginnen erst danach mit dem Nestbau.

☀ Die Wildrebe *(Vitis coignetiae)* kann bis zu 25 m hohe Fassaden sehr rasch begrünen. So eine lebende Wand bietet vielen Tieren Zuflucht.

Baumschlinge
(Periploca graeca)

⬆ 12 m ● ✿ 6–8

Habitus: Die dunkelgrünen Blätter glänzen auf der Oberseite. Es erscheinen exotisch geformte, grünlich braune Blüten. Die Meinungen, ob die Blüten duften oder unangenehm riechen, gehen auseinander. Die Samenhülsen enthalten seidig behaarte Samen.
Verwendung: Die Baumschlinge wächst schnell an Pergolen, Säulen, Spalieren oder Wänden hoch, wenn sie an einer Kletterhilfe gezogen wird.
Hinweise: Die Baumschlinge gehört zu den Hundsgiftgewächsen *(Apocynaceae)* und enthält wie die meisten Pflanzen dieser Familie einen weißen, schwachgiftigen Milchsaft, der bei Verletzung von Blättern oder Trieben austritt. In den ersten Jahren nach der Pflanzung ist die Baumschlinge noch frostempfindlich und die oberirdischen Pflanzenteile frieren leicht zurück, wodurch Winterschutz benötigt wird.

Baumwürger
(Celastrus orbiculatus und *C. scandens)*

⬆ 12 m ◐–○ ✿ 8–11

Habitus: Die Blätter zeigen eine auffallend gelbe Herbstfärbung. Die orangenen Früchte mit leuchtend roten Samen sind sehr attraktiv. Sie werden gerne von Vögeln gefressen, für Menschen sind sie jedoch giftig. Der Baumwürger ist zweigeschlechtlich, männliche Pflanzen bilden keinen Fruchtschmuck aus, zusammengepflanzte Geschlechter fördern ihn.
Verwendung: Er benötigt eine stabile Rankhilfe, um Fassaden, hohe Mauern und Wände begrünen zu können. Mit seiner Stammbildung kann er Fallrohre zerquetschen oder Blitzableiter abreißen und muss in ausreichendem Abstand gepflanzt werden.
Hinweise: Baumwürger müssen durch regelmäßigen Schnitt im Winter kontrolliert werden. Junge Pflanzen vertragen einen radikalen Rückschnitt besser als ältere. Heißes Stadtklima wird gut vertragen.

Wuchs: ⬆ Höhe / ⬌ Breite in Metern **Standort:** ○ sonnig ◐ halbschattig ● schattig **Blütezeit:** ✿ in Monaten

Blauregen
(Wisteria floribunda oder *W. sinensis)*

⬆ 15 m   ◖–◯   ❀ 5–7

Habitus: Ein einziges Laubblatt setzt sich beim Blauregen aus bis zu 19 einzelnen Fiedern zusammen. Die weißen oder violetten duftenden Blüten sind eine Bienenweide und erscheinen im zeitigen Frühjahr in Blütentrauben, im Sommer kann eine Nachblüte auftreten.

Verwendung: Geeignet für hohe Mauern, Wände und Fassaden, an denen eine stabile Kletterhilfe befestigt werden kann.

Hinweise: Blauregen ist eine äußerst starkwüchsige Pflanze, die enorme Kräfte entwickelt und im Alter dicke Stämme bildet. Wuchern lassen führt dazu, dass manchmal nicht nur die Kletterhilfe zerstört wird, sondern auch Bauschäden verursacht werden. Ein regelmäßiger Schnitt ist daher unverzichtbar, um den Blauregen zu bändigen. Ältere Pflanzen vertragen einen radikalen Rückschnitt bis auf die Haupttriebe.

Hopfen
(Humulus lupulus)

⬆ 8 m   ◖–◯   ❀ 7–8

Habitus: Die Blätter des Hopfens sind handförmig gesägt. Die Sorte 'Aureus' ist mit strahlend gelbem Laub ein Blickfang, der selbst dunkle Ecken aufhellt. Hopfen ist eine zweigeschlechtliche Pflanze. Die weiblichen zapfenartigen Scheinähren wirken sehr dekorativ, die männlichen Blüten erscheinen in Rispen.

Verwendung: Der Hopfen benötigt eine Kletterhilfe, mit der er leicht Wände, Säulen, Fallrohre und Balkone begrünt.

Hinweise: Hopfenpflanzen sind Stauden, das heißt die gesamte oberirdische Blattmasse stirbt im Winter ab. Mit seinen Rhizomsprossen treibt der Hopfen im Folgejahr erneut aus, wächst aber auch in die Breite und muss daher eingegrenzt werden. Um seine volle Wuchsleistung erreichen zu können, benötigt Hopfen nährstoffreiche Böden mit ausreichender Bewässerung.

Kiwi

(Actinidia arguta, A. chinensis oder
A. kolomikta)

↑ 15 m   ◐–○   ❀ 6–7

Habitus: Die Blätter sind herzförmig, mit gelber
Herbstfärbung und unterschiedlich starker
Behaarung. Die Laubspitze von *A. kolomikta*
wechselt von weiß zu rosa. Besonders *A. chinensis* lockt mit ihren gelblichen Blüten Bienen
an. Die leckeren Früchte erscheinen ab Oktober
an weiblichen Pflanzen (Kiwis sind zweigeschlechtliche Pflanzen). Um möglichst sicher
Früchte ernten zu können, empfiehlt sich das
gemeinsame Pflanzen von weiblichen und
männlichen Kiwis.
Verwendung: Hohe Wände, Mauern oder Säulen werden mit Kletterhilfen schnell bewachsen.
Hinweise: *A. chinensis* ist die wüchsigste Kiwi,
A. kolomikta besitzt sehr attraktives Laub und
A. arguta fruchtet reichlich. Auch wenn Kiwis
schon lange keine Exoten mehr im Garten sind,
sind sie erstaunlich selten zu finden.

Schling-Knöterich

(Fallopia aubertii oder *F. baldschuanica)*

↑ 20 m   ◐–○   ❀ 7–10

Habitus: Die weißen Blütenrispen duften angenehm, treten durchgehend von Juli bis Oktober
auf und sind eine Bienenweide. An sonnigen
Standorten blüht er besonders ausgelassen. Im
Herbst färben sich seine Blätter gelb.
Verwendung: Geeignet für Pergolen, Lauben-
gänge sowie Mauern, Wände und Fassaden.
Eine Kletterhilfe ist notwendig.
Hinweise: Der Schling-Knöterich kann leicht
8 m lange Triebe im Jahr ausbilden, was ein
großes Wucherpotenzial bedeutet. Benachbarte
Pflanzen werden schnell von ihm überwachsen,
wodurch er nur mit großem Abstand gepflanzt
wird. Da der Schling-Knöterich enorme Kräfte
freisetzt, können Kletterhilfen herausgerissen
oder Dachrinnen abgesprengt werden. Ein rigo-
roser Rückschnitt im Frühjahr ist unerlässlich,
um ihn zu kontrollieren.

Mondsame

(Menispermum canadense oder
M. dauricum)

↑ 8 m   ◑–○   ✿ 6–7

Habitus: Die herzförmigen, weichen Blätter besitzen beim Austrieb einen roten Rand. In Trauben erscheinen die unauffälligen Blüten an den rein weiblichen oder männlichen Pflanzen. Die ungenießbaren Früchte enthalten Samen, die an einen Halbmond erinnern, woraus sich neben dem wissenschaftlichen auch der umgangssprachliche Name für den Mondsamen ableitet.

Verwendung: Mondsamen benötigen eine Kletterhilfe und sind für Spaliere, Wände, Säulen oder Balustraden geeignet.

Hinweise: Besonders auffällig sind die roten Sprosse von *Menispermum dauricum*. Mondsamen besitzen dünne, feingliedrige Sprosse, mit denen sie sehr filigran wirken. In den ersten Jahren nach der Pflanzung hilft ein Winterschutz dem Mondsamen, am Standort einzuwachsen.

Pfeifenblume

(Aristolochia macrophylla, A. tomentosa oder
A. sempervirens)

↑ 15 m   ◑–○   ✿ 5–7

Habitus: Das Laub wird bei *A. macrophylla* bis zu 45 cm groß. In milden Gegenden sind Pfeifenblumen immergrün. Die an einen Pfeifenkopf erinnernden Blüten wirken exotisch, liegen allerdings häufig unter dem Laub versteckt.

Verwendung: Pfeifenblumen benötigen eine Kletterhilfe, mit der sie schnell Balustraden, Fallrohre, Mauern und Fassaden begrünen. Das herzförmige Laub hat großen Zierwert (s. S. 24).

Hinweise: Nach Neupflanzungen brauchen sie anfänglichen Winterschutz. Selbst ältere Pflanzen können in strengen Wintern bis auf den Boden zurückfrieren, treiben meist aber so stark durch, dass es nicht auffällt. *A. macrophylla* ist die winterhärteste der hier erwähnten Arten. Mit ihrer großen Blattmasse benötigen Pfeifenblumen viel Wasser, nordseitig gepflanzt, reduziert sich der Bedarf.

Wilder Wein

(Parthenocissus quinquefolia, P. inserta oder
P. tricuspidata)

↥ 20 m   ●–○   ✿ 7–8

Habitus: Die Blätter von *P. quinquefolia* sind handförmig, die von *P. tricuspidata* eiförmig. Purpurrote Herbstfärbung zeichnet alle Arten aus, am intensivsten bei *P. tricuspidata* 'Veitchii'. Die Blüten sind unscheinbar, aber äußerst beliebt bei Bienen. Die bläulich-schwarzen Beeren sind ungenießbar.

Verwendung: Der Wilde Wein wird gerne für den Bewuchs von Fassaden, Garagen und hohen Wänden verwendet.

Hinweise: Wilder Wein besitzt Wucherpotenzial, wenn seine Triebe auf die Erde gelangen und anwurzeln. Er braucht zwar keine Kletterhilfe, seine Haftscheiben heften sich jedoch überall – auch ungewollt – fest und können Schäden verursachen. Eine interessante Alternative ist *P. inserta*, der keine Haftscheiben ausbildet. Im späten Herbst nach dem Laubabwurf kann er stark zurückgeschnitten werden.

Wildreben

(Vitis coignetiae, V. amurensis, V. vulpina oder *V. riparia)*

↥ 25 m   ◑–○   ✿ 5–7

Habitus: Das Laub zeigt besonders an sonnigen Standorten eine tolle Herbstfärbung. Die Blüten sind unscheinbar.

Verwendung: Geeignet für Fassaden, hohe Mauern, Pergolen oder Säulen; besonders der Scharlach-Wein *(V. coignetiae)* benötigt eine Kletterhilfe.

Hinweise: Wildreben erlangen ihre höchste Zierde mit der Herbstfärbung. In dieser Zeit reifen auch ihre Früchte heran, die besonders bei Vögeln und Insekten beliebt sind. Die Duftrebe *(V. vulpina)* bildet meist keine Früchte aus, was sie für die Verwendung im öffentlichen Grün beliebt macht. An ungünstigen Standorten (sehr heiß oder verdichtete Böden) werden sie anfällig gegenüber Mehltau-Pilzen, wobei die Duftrebe robuster ist als andere Arten. Im Winter können und dürfen Wildreben kräftig zurückgeschnitten werden.

Die wuchernde Pflanze

Besonders Kletterpflanzen werden gerne als alles überwuchernde, schwer kontrollierbare Pflanzen betrachtet. Tatsächlich gibt es aber eigentlich gar keine unkontrollierbar wuchernden Pflanzen. Es gibt so viele Sägen, Fräsen, Haken, Scheren, Schneider und andere scharfgeschliffene Schneidwerkzeuge und Maschinen, dass Pflanzen dem Gartenbautechniker immer unterlegen sind. Trotzdem ist das Entfernen von Pflanzen, für die der Standort unpassend gewählt war und die sich Jahrzehnte lang ausbreiten durften, kein Spaß. Die richtige Pflanzenwahl für den Standort, ein regelmäßiger Verjüngungsschnitt und das wiederholte Entfernen von aufliegenden, sich bewurzelnden Trieben halten auch die wüchsigsten Pflanzen im Zaum.

Kletterpflanzen wachsen zum Licht hin – also nach oben. Stockausschläge sind daher nicht zu befürchten, wenn sie an Kletterhilfen gebunden werden und zum Licht wachsen können. Nur wer zu viele Kletterpflanzen auf einmal pflanzt oder die Pflege vernachlässigt, muss mit Ablegern rechnen.

☀ Von Wuchern kann hier bei Efeu und Trompetenblume keine Rede sein.

Unschöne Ecken
verstecken

Die unschönen Ecken

Jeder kennt sie und überall kommen sie vor – Ecken und Plätze, mit denen man nichts richtig anzufangen weiß, die man aber doch irgendwie attraktiv gestalten sollte oder möchte. Der Platz vor Nachbars Garage, der Komposthaufen, das Mülltonnenhäuschen, der schmale Streifen neben der Einfahrt. Fast immer befinden sich solche Ecken auch noch in ungünstig gelegenen Bereichen des Gartens, des Vorgartens oder auf dem Balkon und erschweren die eigene Kreativität zusätzlich. Daher sind auch einige der Pflanzen aus dem Kapitel »Schwierige Standorte begrünen« (ab S. 67) für den Einsatz an unschönen Ecken denkbar.

Schlechte Böden

Um die unschönen Ecken im Garten erfolgreich bewachsen zu lassen und eine optische Verschönerung zu erreichen, ist nicht nur die Pflanzenauswahl wichtig, auch der Boden muss eventuell verbessert werden. In zu planierten Wegen angrenzenden Bereichen, wie z.B. neben der Garageneinfahrt, tritt leicht Bodenverdichtung auf. Durch Umgraben muss die Bodenstruktur gelockert werden, bevor man überhaupt ein Pflanzbeet für die Neugestaltung anlegen kann. Klimatische Faktoren wie Niederschläge und Temperatur beeinflussen den Boden fortlaufend und können zu erneuter Verdichtung führen. Verdichtete oder sehr schwere Gartenböden (mit hohem Lehm- und/oder Tonanteil) neigen dazu, dass sich dort Staunässe bildet. Wenn die Pflanzen dauerhaft im Wasser stehen, erreicht kein Sauerstoff mehr die Wurzeln. Dies ist für das Wachstum und die Umsetzung von Nährstoffen aber unbedingt notwendig, denn ohne Sauerstoff beginnen die Wurzeln zu faulen. Um solch ein Beet nicht immer wieder umgraben zu müssen, kann durch das Einbringen lockernder Zuschlagstoffe wie Sand, Splitt oder Vulkanbruch, wie sie auch in Dachbegrünungssubstraten verwendet werden, die Struktur dauerhaft verbessert und stabilisiert werden.

☀ Das Johanniskraut (hier *Hypericum calycinum*) begnügt sich auch mit weniger tiefgründigen Böden und blüht und blüht am Wegesrand.

Sandige Böden verdichten sich zwar nicht leicht, sind aber gleichfalls nicht optimal für die Pflanzenentwicklung, da sie wenig Wasser und Nährstoffe speichern. Zuwächse, die weit hinter der Erwartung zurückbleiben, und Mangelernährung, sichtbar an Farbveränderungen der Blätter, sind die Folge. Erst mit dem Untermischen von Humus und Ton werden die negativen Effekte sandiger Böden langfristig behoben. Neben den physikalischen oder strukturellen Charakteristika des Bodens können auch chemische Eigenschaften zu Misserfolgen führen. Hier helfen Bodenanalysen, wie sie von einigen Firmen (s. S. 91) angeboten werden, das Problem zu ermitteln. Den Ergebnissen des Bodengutachtens wird in der Regel auch eine Dünge- oder Maßnahmenempfehlung beigefügt.

Eine geeignete Pflanze finden

Wenn die bodenverbessernden Vorarbeiten abgeschlossen oder unnötig sind, kann gleich gepflanzt werden. So wird der Geräteschuppen begrünt, der Komposthaufen nicht länger als solcher erkannt, die Garagenmauer wirkt nicht mehr langweilig, die Mülltonne ist verdeckt oder der Abstellbereich auf der Terrasse oder dem Balkon verschwindet einfach hinter den Blättern und Blüten von Pflanzen. Unschöne Ecken werden nur deshalb zu einer gärtnerischen Herausforderung, da die dortigen Wachstumsbedingungen die Pflanzenauswahl einschränken. Doch auch für sie gibt es Pflanzen, die das schaffen und nur gefunden werden müssen.

☀ Hinter so einem Maiblumenstrauch kann sich der Komposthaufen allemal verstecken.

Viele Pflanzen in diesem Kapitel sind so vielseitig und attraktiv, dass es fast verwunderlich ist, dass sie hier zu finden sind. Der Grund ist, dass sie in Mischpflanzungen andere Pflanzen leicht überwachsen. Diese Konkurrenzstärke ist jedoch genau die Voraussetzung für die Besiedlung schwieriger Bereiche, mit der so eine unschöne Ecke in einen Hingucker verwandelt werden kann. Die vorgestellten Pflanzen sind auch für Pflanzgefäße geeignet, was ihre Verwendung auf dem Balkon oder dem Dachgarten ermöglicht.

☀ Ohne Rankgitter und Kletterpflanze wäre dieses Eck sicherlich nur halb so nett.

Den Pflanzen beim Verschönern helfen

Wenn Standorte sehr schattig oder sonnig liegen, sind die Lichtverhältnisse für viele Gartenpflanzen ungünstig. Kletterpflanzen kommen mit beidem zurecht, da sie am natürlichen Standort meist aus dem Schatten in die Sonne wachsen. Kletterpflanzen wie Geißblatt, Kletterrose, Kletter-Brombeere und das Chinesische Spaltkörbchen benötigen eine Kletterhilfe. Die einfachste Möglichkeit sind ein paar gespannte Drähte, an denen die Triebe angebunden werden können. Attraktiver und stabiler ist ein Rankgitter. Allein durch Form, Größe und Material helfen manche Kletterhilfen bereits bei der Verschönerung. Mit zunehmendem Pflanzenalter entfällt das Aufbinden und die Pflanzen klettern von alleine an den bestehenden Hilfen.

Die Sträucher dieses Kapitels können ganz einfach als pflegeleichte Gruppe, Hecke oder als höher wachsende Rabatte gepflanzt werden. Ihre Schnittverträglichkeit macht sie zu anspruchslosen Schönheiten. Ranunkelstrauch und Schirmbambus bilden mit ihren Sprossen oder Halmen dichte Bestände und verdecken alles Dahinterliegende, sie lässt man am besten einfach wachsen. Dennoch sind Beeteinfassungen für sie optimal, um sie auf Bereiche im Garten einzugrenzen. Obwohl alle Pflanzen dieses Kapitels sehr durchsetzungsfähig sind, neigen sie nicht zum Wuchern und können in größeren Rabatten sogar in Mischpflanzungen verwendet werden.

Wenn sie in Gefäßen wachsen sollen, sind größere Ausgangspflanzen besser, einfach da Pflanzen in Gefäßen im Vergleich zu ausgepflanzten Artgenossen nicht so wüchsig sind. Sie müssen regelmäßig gegossen und gedüngt werden. Die Pflanzenpflege in Gefäßen ist also etwas aufwendiger als im Gartenboden.

Bereits mit ein paar der hier vorgestellten Pflanzen pro Quadratmeter lässt sich beispielsweise die Mauer oder Wand des Nachbarhauses, auf die man ständig aus der Küche schaut, optisch aufwerten. Schon direkt nach dem Pflanzen sieht man eine große Veränderung zu vorher und mit der weiteren Entwicklung der Pflanzen kann man die unschöne Ecke hinter dem Grün schon bald nicht mehr erkennen.

✹ Der Schirmbambus kann sehr groß werden und eignet sich hervorragend als Sichtschutz.

Gefäße

Bei der Gefäßbepflanzung spielt die richtige Dimensionierung des Gefäßes und die Wahl eines dauerhaften Materials eine entscheidende Rolle für lange Freude.

Im Gegensatz zu offenen Beeten, die Pflanzen nahezu unbegrenzt mit Nährstoffen versorgen können, ist ihr Volumen limitiert. Wenn sie zu klein gewählt werden, trocknen sie zu schnell aus und die gestressten Pflanzen welken. Außerdem ernährt das geringe Substratvolumen die Pflanzen nicht ausreichend, was durch regelmäßiges Nachdüngen ausgeglichen werden muss. Für das Umtopfen von Pflanzen in einzelnen Kübeln oder Gefäßen gilt die Faustregel: Das neue Gefäß sollte immer etwa ein Drittel größer als das vorherige sein.

Große Pflanztröge bestehen am besten aus einem witterungsbeständigen Material wie Holz, UV-beständigem Kunststoff, Metall oder Stein. Holzgefäße benötigen durch ihre organische Substanz einen Außenschutz und – noch viel wichtiger – einen Innenschutz gegen Fäulnis durch Substrat und Feuchtigkeit. Das Auskleiden mit einer Folie erhöht die Haltbarkeit um viele Jahre. Metall sollte nicht verzinkt sein, denn Zink verursacht Pflanzenschäden.

Chinesisches Spaltkörbchen
(Schisandra chinensis)

⬆ 8 m　　●–◑　　✿ 5–6

Habitus: An roten Trieben wird das sommergrüne Laub gebildet. Die bis zu 15 cm langen Blüten nuancieren von cremeweiß bis blaßrosa, treten in Trauben auf und duften angenehm. Die fleischigen, scharf-würzig schmeckenden roten Früchte reifen im Herbst heran.
Verwendung: Geeignet für nordseitige Mauern, Pergolen, Zäune oder Wände; nur in den ersten Jahren nach der Pflanzung müssen die jungen Triebe an Kletterhilfen aufgebunden werden.
Hinweise: Das Chinesische Spaltkörbchen bevorzugt schattige oder halbschattige Wände, reagiert aber auf lehmige oder kalkhaltige Böden empfindlich. Ihre volle Schönheit entfaltet die langlebige Kletterpflanze, wenn sie unter gleichmäßiger Pflege am gleichen Platz steht. Nur an weiblichen Pflanzen entwickeln sich Früchte, doch männliche Begleitpflanzen fördern die Fruchtansätze.

Federspiere
(Sorbaria sorbifolia)

⬆ 2,0 m　↔ 3,0 m　●–○　　✿ 6–7

Habitus: Rötliche Austriebe im zeitigen Frühjahr zeichnen die Federspiere aus. Die unpaarig gefiederten Blätter färben sich im Herbst gelb. Ab dem Hochsommer erscheinen die reinweißen Blütenrispen.
Verwendung: Sie wächst zu einem Dickicht heran und verdeckt so Mauern und Wände. Da sie stark ausläuferbildend ist, sind Tröge, Steineinfassungen oder Begrenzungen angebracht.
Hinweise: Die Federspiere beeindruckt am stärksten mit ihren Blüten und einem interessanten Blatt. Ihre starke Ausläuferbildung benötigt entweder Flächen wie Böschungen, wo sie sich ausbreiten kann, oder Begrenzungen. Schnittmaßnahmen oder Pflege sind nicht notwendig. Sie wird auch gerne als Pflanze auf verunreinigten Böden, z. B. nach einem Hausbau, verwendet, da sie kaum Ansprüche an den Boden stellt.

Wuchs: ⬆ Höhe / ↔ Breite in Metern　**Standort:** ○ sonnig　◑ halbschattig　● schattig　**Blütezeit:** ✿ in Monaten

Fünffingerstrauch
(Potentilla fruticosa)

⬆ 1,0 m ⬌ 1,5 m ◐–○ ✿ 6–10

Habitus: Die kleinen sommergrünen Blätter sind auf der Blattunterseite flaumig behaart. Als sensationeller Dauerblüher wird dieser Strauch gelobt. Die Blütenfarben der vielen Sorten decken nahezu das gesamte Regenbogenspektrum ab, nur das reine Blau fehlt.
Verwendung: Mit ihm lassen sich schnell ansprechende Rabatten oder Hecken pflanzen. Aber auch in Pflanzgefäßen auf Terrasse oder Balkon ist er ein Blickfang. Eine weitere Stärke liegt in der guten Kombinierbarkeit mit Gräsern oder Rosen.
Hinweise: Er verträgt nur zeitweise Trockenheit. Trotz seiner Wüchsigkeit von bis zu 40 cm im Jahr benötigt er höchstens zum Austrieb im Frühjahr eine Startdüngung. Wenn die Pflanze vor dem Austrieb auf 10 cm über dem Boden zurückgeschnitten wird, treibt sie umso stärker aus.

Geißblatt
(Lonicera-Arten)

⬆ 8 m ●–◐ ✿ 5–9

Habitus: Im Gegensatz zu anderen Arten, verliert das Immergrüne Geißblatt *(Lonicera henryi)* nur in strengen Wintern das Laub. Die Blüten duften angenehm, artabhängig in der Intensität. Die Röhrenblüten decken das Farbenspektrum von orange, weiß und rot ab. Die Beeren sind bei Vögeln eine beliebte Nahrung.
Verwendung: Geißblätter benötigen Kletterhilfen und eignen sich für Pergolen, Mauern, Zäune, Wände und Spaliere, bevorzugt an halbschattigen Standorten.
Hinweise: Geißblätter wachsen anfangs etwas zögerlich, doch nach ein paar Jahren dann umso rasanter. Auch an schattigen Standorten wachsen sie hervorragend. Wüchsige Arten sind das Immergrüne Geißblatt *(L. henryi)*, Gold-Geißblatt *(L. × tellmanniana)*, Jelängerjelieber *(L. caprifolium)* und das Wald-Geißblatt *(L. periclymenum)*.

Johanniskraut
(Hypericum-Arten)

↕ 0,5 m　↔ 1,5 m　◑–○　✿ 7–9

Habitus: Das Laub ist zum Teil bläulich bereift und manchmal fast immergrün. Blüten in strahlendem Gelb erscheinen den ganzen Sommer über und sind eine Bienenweide. Die rotschwarzen Früchte sind in der Floristik beliebt.
Verwendung: Das Johanniskraut kann in Gruppen gepflanzt oder in Beeten, vor niedrigen Mauern oder Zäunen mit anderen Pflanzen kombiniert werden.
Hinweise: Die etwas frostempfindlichen Arten wie z. B. das Niedrige Johanniskraut *(H. calycinum,* s. Bild S. 34) können stark zurückfrieren, treiben aber wieder willig durch. Rückschnitt bis zu zwei Handbreit über den Boden im Frühjahr fördert einen kräftigen Austrieb. An die Bodenart werden kaum Ansprüche gestellt, nur stauende Nässe wird nicht vertragen. Das Großblumige-Johanniskraut *(H. patulum* 'Hidcote') ist besonders hitzeverträglich.

Kletter-Brombeere
(Rubus henryi und *R. bambusarum)*

↕ 8 m　●–◑　✿ 5–7

Habitus: Das immergrüne Laub der Kletter-Brombeere ist oberseits dunkelgrün und unterseits grau-weiß bereift. Häufig wird sie mit der sehr ähnlichen Kletter-Himbeere *(R. bambusarum)* verwechselt. Weiße bis rosafarbene Blüten erscheinen an bis zu 20 cm langen Trauben. Die schwarzen Beeren heben sich von dem roten Blütenboden ab. Der Geschmack wird als fad beschrieben.
Verwendung: Beide *Rubus*-Arten können mit einer Kletterhilfe schnell Mauern, Wände, Spaliere und Zäune begrünen.
Hinweise: Da sie sowohl Wurzelausläufer bilden als auch mit ihren Sprossen bei Bodenberührung schnell wurzeln, besitzen sie ein Wucherpotenzial, das durch Anbinden und Schnitt gebändigt werden muss. Starker Rückschnitt wird vertragen, in rauem Klima ist Winterschutz erforderlich.

Kletter- und Rambler-Rosen
(Rosa-Hybriden)

⬆ 10 m   ◐–○   ❀ 6–9

Habitus: Bis auf das reine Blau gibt es alle Blütenfarben. Durch die Sortenvielfalt werden sie in Blüten-Gruppen wie z. B. becherförmig, kugelig, gefüllt u. v. m. sortiert. Nur bei einfachen oder halbgefüllten Hybriden reifen Hagebutten heran.

Verwendung: Sowohl Kletter- als auch Rambler-Rosen benötigen Kletterhilfen und eignen sich für Pfosten, Mauern, Lauben, Säulen, Pergolen oder Mauern.

Hinweise: Es gibt ein- oder zweimal (remontant) im Jahr blühende Rosen. Einmalblühende blühen am zwei- und mehrjährigen Holz, weshalb Neutriebe nicht zurückgeschnitten werden. Die weichen jungen Triebe werden angebunden, solange die Stacheln noch nicht ausgehärtet sind. Sie werden bevorzugt im Herbst in durchlässige, leicht kalkhaltige Böden gepflanzt und dabei in Form geschnitten.

Maiblumenstrauch
(Deutzia × magnifica)

⬆ 3,5 m   ⬌ 2,5 m   ◐–○   ❀ 6–7

Habitus: Die Blattoberseite des sommergrünen Laubes ist intensiv grün, die Blattunterseite graugrün. An dichten Rispen sitzen die vielen weiß gefüllten Einzelblüten, bei der Sorte 'Mont Rose' hellrosa ungefüllt.

Verwendung: Als allein stehendes Gehölz an Mauern, vor Wänden oder in Pflanzgefäßen auf der Terrasse. Auch als Heckenpflanze verwendbar.

Hinweise: Dieser Strauch ist ein unkomplizierter Vertreter für sonnige bis halbschattige Bereiche. Für schnelle Zuwächse bevorzugt er nahrhafte Böden mit gleichmäßiger Wasserversorgung und höchstens zeitweiser Trockenheit. Er ist sehr schnittverträglich, sollte sogar für eine stärkere Verzweigung regelmäßig zurückgeschnitten werden. Er blüht am einjährigen Holz. Zusätzliche Verzweigungen fördern den eh schon üppigen Blütenreichtum.

Ranunkelstrauch
(Kerria japonica)

⬆ 2,0 m   ⬌ 2,5 m   ●–○   ✿ 4–5

Habitus: Der Ranunkelstrauch besitzt hellgrüne Blätter mit gesägtem Rand und mit einer gelben Herbstfärbung. Häufig blüht er im September ein zweites Mal.

Verwendung: Dichte Strauchrabatten bilden sich durch die vielen Ausläufer, die aber nicht zum Wuchern neigen. Wenn sie an Zäunen, vor Garagenwänden oder einfach nur als Einfassung gepflanzt werden, wachsen sie zu einer langlebigen grünen Wand heran.

Hinweise: Der Ranunkelstrauch mag nur zu lehmige Böden nicht. Im Winter bleiben die Triebe grün und sind so eine Zierde. Neben der stark gefüllt-blühenden Sorte 'Pleniflora' gibt es nur noch die panaschierte Sorte 'Picta'. Zu starke Düngung führt zu starkem Wachstum und die Blühfreudigkeit des Ranunkelstrauchs nimmt ab. An vollsonnigen Standorten bleichen die Blüten leicht aus.

Schirmbambus
(Fargesia murielae)

⬆ 3,5 m   ◑–○

Habitus: Das Laub ist immergrün und weich wie Gras. Die Halme sind stielrund und im Austrieb weißbereift, später verfärben sie sich grünlich gelb.

Verwendung: Der Schirmbambus wächst eher horstig, aber auch er sollte mit Rhizomsperren begrenzt werden. Auf dem Balkon oder der Dachterrasse wirkt er in Gefäßen äußerst dekorativ. Mit ausreichend viel Platz kann er einzeln stehen oder mit anderen Pflanzen kombiniert werden. Die Verwendung als immergrüne Hecke vor Wänden oder Mauern ist eine interessante Variante.

Hinweise: Er ist zwar ausreichend frosthart, trotzdem sollte er dem Winter-Wind nicht zu sehr ausgesetzt werden (Trockenschäden). Sein ganzes Potenzial zeigt er auf nahrhaften Böden. Bei Trockenheit rollt er seine Blätter zusammen oder wirft sie im Extremfall ganz ab.

Spierstrauch
(Spiraea-Arten)

⬆ 2,5 m   ◑–◯   ❀ 4–7

Habitus: Die doldenartigen Blütenstände mit Blüten in Weiß, Purpur oder Pink erscheinen überreichlich und bleiben sehr lange hochdekorativ. Die Spiersträucher zeigen eine gelbe Herbstfärbung.

Verwendung: Durch ihre Größe und Breite werden Spiersträucher gerne für Hecken, Einfassungen, vor Mauern oder als Einzelpflanze verwendet. Sehr gut wachsen sie auch in Kübeln auf der Terrasse oder dem Balkon.

Hinweise: Folgende Arten sind sehr wüchsig oder breiten sich durch Ausläufer aus und wachsen schnell zu großen Büschen heran: *S. × billardii*, Japan-Spiere *(S. japonica)*, Strauch-Spiere *(S. nipponica)*, Pflaumenblättriger Spierstrauch *(S. prunifolia)*, *S. veitchii* oder Pracht-Spiere *(S. × vanhouttei)*. Die Sorten der Japan-Spiere besitzen sehr dekoratives Laub in Gelb und/oder Rot.

Zwergmispel
(Cotoneaster-Arten)

⬆ 0,5 m   ⬌ 1,0 m   ◑–◯   ❀ 6–7

Habitus: Die Blattunterseite der Blätter ist weißlich behaart. Die vielen weißen Blüten machen die Zwergmispel zu einem Blütenmeer. Die leuchtend orangefarbenen, gelben oder roten Früchte sind bis weit in den Winter hinein bei Vögeln eine beliebte Nahrungsquelle.

Verwendung: Sie können entweder als Rabatte, Hecke oder einzelner Strauch gepflanzt werden.

Hinweise: Cornubia-Felsenmispel *(C. × watereri* 'Cornubia') ist ein unkomplizierter und schnellwüchsiger Strauch. Obwohl er halbimmergrün bis immergrün ist, zeigt er eine ausgeprägte Herbstfärbung. Blüten und Früchte treten wasserfallartig auf, wodurch diese Sorte das ganze Jahr lang begeistert. Zwei kleinere Vertreter mit ähnlichen Eigenschaften sind die Zwergmispel *(C. dammeri)* und die Weidenblättrige Felsenmispel *(C. salicifolius)*.

Schnell
Schatten schaffen

Beschattung von Sitzplätzen

Schatten für Sitzplätze ist einer der häufigsten Wünsche in der Gartengestaltung. Doch es muss nicht immer etwas Bauliches wie eine Markise sein. Die drei häufigsten Szenarien für Sitzgelegenheiten und Schattenbedarf finden sich auf der Terrasse, auf freien Flächen im Garten und auf dem Balkon. Auf Letzterem soll der Schattenspender manchmal am besten gleichzeitig als Sichtschutz dienen. Mit pflanzlichen Schattenspendern lässt sich langfristig ein schönes Ambiente schaffen, das zum Entspannen und Genießen einlädt. Eine schöne Laube, die von Pflanzen überwachsen ist, oder eine Sitzgruppe unter einem schattenspendenden Baum sind Orte mit Wohlfühlfaktor.

Schatten ist nicht gleich Schatten

Im Winter möchte man so viel Licht wie möglich in der Wohnung bzw. dem Haus haben, sodass eine Dauerbeschattung durch Pflanzen unerwünscht ist. Pflanzen für schnellen Schatten auf der Terrasse sollen daher nur im Sommer nahe gelegene Fenster verdunkeln. Dies kann man besonders gut mit laubabwerfenden Großsträuchern wie der Felsenbirne oder dem Lebkuchenbaum erreichen. Sie besitzen mehrere Stämme, die im Winter, wenn der Strauch ohne Laub ist, nur wenig Schatten werfen. Außerdem bilden sie keine Wurzelausläufer oder anderes aggressives Wurzelwerk aus, mit dem sie den Terrassenboden hochdrücken würden.

Große freie Flächen können am umfänglichsten mit einzeln stehenden Bäumen (Solitärbäume) mit großen, schirmartigen Kronen beschattet werden. Der Schatten, den ein Baum spendet, ist mit nichts zu vergleichen. Kein Schirm, kein Sonnensegel erwirkt die angenehme Kühle, die in einem Baumschatten herrscht. Denn die Blätter der Bäume verdunsten Wasser. Die Verdunstung entzieht der Umgebung Wärme, das heißt, die Luft in und um die Baumkrone wird kühler. Kühlere Luft ist schwerer als warme und sinkt deshalb nach unten zum Sitzplatz im Schatten.

☀ Dieser grüne Paravent aus Hopfen ist schnell gewachsen und mobil.

Ein Baum kühlt die Luft also aktiv ab, während ein Sonnenschirm nur vor der direkten Sonneneinstrahlung schützt. Dazu kommen das leise Rascheln der Blätter und der angenehme Luftzug, wenn ein laues Lüftchen weht. Die im Folgenden vorgestellten Bäume, wie Blasenbaum, Eschen-Ahorn, oder auch der Blauglockenbaum aus dem folgenden Kapitel erfüllen diese Anforderung und sind dabei sehr dekorativ. Alle haben sie eine ausgeprägte, intensive Herbstfärbung und zum Teil weitere Besonderheiten wie z. B. die außergewöhnlichen Früchte des Blasenbaums.

Spaliere, Pergolen, Lauben oder der Balkon können am besten mit Kletterpflanzen bewachsen und beschattet werden. Sie bilden schon sehr bald ein dichtes Geflecht aus Blättern und Sprossen, das sogar so undurchlässig werden kann, dass es vor Regen schützt. Kugelbeere, Trompetenblume und der Schokoladenwein sind eine gute Wahl dafür. Der Winter-Jasmin besitzt nur sehr kleine Blätter, die keinen nennenswerten Schmutz beim Laubfall machen. Er ist dadurch besonders gut für den Balkon geeignet. Zusätzlich blüht er zu einer Jahreszeit, in der sonst keine andere Pflanze blüht.

Bis der Schatten da ist

Für einen baldigen Schattenwurf ist es wichtig, schnellwüchsige Pflanzen auszusuchen, die gleichzeitig nicht irgendwann zu groß werden. Besonders Kletterpflanzen wachsen um mehrere Meter im Jahr und auch die Sträucher und Bäume in diesem Kapitel sind sehr wüchsig. Trotzdem kann erst ein paar Jahre nach der

☀ Eine Felsenbirne vor der Terrasse lässt in der dunklen Jahreszeit Licht ins Haus und spendet im Sommer lichten Schatten.

☀ Viele Kletterpflanzen eignen sich wie hier der Wein hervorragend, um einen gemütlichen Sitzplatz zu schattieren.

Pflanzung mit ausreichendem Schattenwurf gerechnet werden. Diesem Umstand kann man mit dem Kauf größerer Ausgangspflanzen entgegentreten. Mit großen Pflanzen zu starten hat überdies den Vorteil, dass diese robuster sind und teilweise auch besser anwachsen (siehe Seite 79). Eine andere Möglichkeit ist das Pflanzen von mehreren Exemplaren in Gruppen, die dann auch gleich mehr Schatten werfen.

Mit der Auswahl des Schattenspenders legt man sich auf viele Jahre fest, umso wichtiger ist es, die richtige Entscheidung für eine passende Pflanze zu treffen. Beengte Situationen, durch Gebäude oder vorhandene Pflanzungen, zwingen Bäume im ungünstigsten Fall zu starkem Höhenwachstum. Kletterpflanzen oder Sträucher eignen sich dann besser, da sie mehrere Haupttriebe haben und durch Schnittmaßnahmen an Situationen angepasst werden können.

Während andere Pflanzen regelmäßig geschnitten werden müssen, fällt der Schnitt bei Pflanzen, die schnell Schatten werfen sollen, eigentlich weg, da jeder Ast und Zweig schattiert. Die Schnittmaßnahmen beschränken sich auf eventuelles Auslichten und das Entfernen von Totholz. Mit den hier vorgestellten Pflanzen lässt sich Schatten für Sitzplätze im Garten schnell und ohne große Vorarbeiten verwirklichen. Durch die besonderen Eigenschaften der Pflanzen in Kombination mit ihrem Wuchs werden im Garten Räume geschaffen, die beliebt sind und über viele Jahre hinweg intensiv genutzt werden können. Das ganze Jahr über bereiten diese Orte Abwechslung und Vergnügen.

Das breite Verwendungsspektrum kletternder Pflanzen

Kletterpflanzen wachsen in der Natur unter Gehölzen oder an Gehölzrändern. Den Kampf um Licht und Nährstoffe bestreiten sie, indem sie sich um ihre Wirtspflanzen wickeln, anhaften oder ranken, um irgendwann das Licht in den Kronen zu erreichen.

In Hausgärten kann ihr vermeintlich unzähmbares Wachstum gewinnend genutzt werden, indem sie absichtlich an Bäumen zur Begrünung gezogen werden. Nicht alle Kletterpflanzen sind dafür geeignet, doch Kletter-Hortensien, Kletter-Rosen oder Schokoladenwein machen sich dabei hervorragend, ohne dabei dem Trägerbaum zu schaden.

Baumgröße und Kletterpflanze müssen natürlich zueinander passen. Der Baum benötigt auch eine gewisse bereits vorhandene Mindestgröße, um einen Größenvorsprung zu haben. Nach nur wenigen Jahren wird sich ein großartiger Anblick ergeben und viele Tiere, wie zum Beispiel zahlreiche Vögel, sind um neue und sichere Nistplätze reicher.

Amberbaum
(Liquidambar styraciflua)

⬆ 15 m   ⬅➡ 10 m   ◐–○   ✿ 4–5

Habitus: Die Herbstfärbung der an Ahorn erinnernden Blätter gehört zu den prächtigsten überhaupt und wird durch sonnige Standorte gefördert. Die weiblichen Blüten treten erst an älteren Bäumen auf und können bis in den Winter hinein zu kugeligen Früchten heranreifen.

Verwendung: Der Amberbaum kann als Teil einer Gehölzgruppe oder auch als Solitärbaum auf Flächen gepflanzt werden, eignet sich aber auch für den Balkon.

Hinweise: Junge Bäume werden als frostempfindlich beschrieben und die Knospen können leicht erfrieren. Er treibt dann meist erst im Juni aus, regeneriert sich später aber gut. Größere Bäume zu kaufen sowie Frostschutz in den ersten Jahren ist daher zu empfehlen. Der Amberbaum bevorzugt nährstoffreiche, nicht verdichtete saure bis neutrale Böden.

Blasenbaum
(Koelreuteria paniculata)

⬆ 10 m   ○   ✿ 7–8

Habitus: Mit leuchtend rosaroten Austrieben beginnt der Blasenbaum die Entfaltung seiner Fiederblättchen. Die orange oder orange-braune Herbstfärbung ist sehr attraktiv. Mit gelben Blüten formen sich die pyramidenförmigen Rispen. Die dünnwandigen Früchte scheinen wie aufgeblasen, sind lampionartig und reißen leicht.

Verwendung: Einzeln stehend ist der Blasenbaum am wirkungsvollsten.

Hinweise: Er liebt sonnige und warme Standorte, sie fördern seine Blühfreudigkeit, so dass südseitige oder exponiert liegende Standorte ideal sind. Er kann sich allen Standortbedingungen sowie Trockenheit sehr gut anpassen, nur verdichtete Böden mag er nicht. Die Jahreszuwächse liegen bei etwa 30 cm, so dass man gleich mit größeren Pflanzen anfangen sollte. Er blüht zu einer Zeit, in der sonst nur wenige andere Bäume blühen.

Wuchs: ⬆ Höhe / ⬅➡ Breite in Metern   **Standort:** ○ sonnig ◐ halbschattig ● schattig   **Blütezeit:** ✿ in Monaten

Eberesche

(Sorbus × arnoldiana und *S. aucuparia)*

⬆ 10 m   ⬌ 6 m   ◑–◯   ✿ 5–6

Habitus: Der Geruch der Blüten wird zum Teil als unangenehm empfunden, ist jedoch ein großer Anreiz für Bienen. Die Blätter zeigen eine gelbe bis orange Herbstfärbung. Die orangefarbenen bis roten Beeren sind ein begehrtes Futter für Vögel. Sorten der Arnold-Eberesche *(S. × arnoldiana)* haben weiß-rosa oder gelbe Früchte.

Verwendung: Die Eberesche kann als Solitärbaum oder in Kombination mit anderen kleineren Bäumen gepflanzt werden.

Hinweise: Ihr Wuchs und ihre Robustheit macht sie auch für kleinere Stadtgärten tauglich. Anfangs ist sie sehr raschwüchsig. Mit ihren tief wachsenden Wurzeln ist sie sehr windresistent. Sie wächst auch im Halbschatten gut und eignet sich so für Nordseiten, wenn sie nicht durch andere große Bäume zusätzlich beschattet wird.

Eschen-Ahorn

(Acer negundo)

⬆ 8 m   ⬌ 10 m   ◑–◯   ✿ 3–4

Habitus: Die Fiederblätter erinnern an Eschenlaub. Ihre Herbstfärbung ist lichtgelb, manchmal orange. Noch vor dem Laubaustrieb zeigen sich die schwefelgelben Blütentrauben. Besonders die männlichen Blüten dieser getrenntgeschlechtlichen Pflanze sind eine große Zierde. Die ahorntypischen geflügelten Früchte sind meist nicht keimfähig.

Verwendung: Am besten kommt der Eschen-Ahorn als Solitärgehölz zur Geltung, in Pflanzgefäßen lässt seine Wuchskraft stark nach.

Hinweise: Der Eschen-Ahorn ist eine äußerst anspruchslose Pflanze, die alle Bodenarten und auch eine schwankende Wasserversorgung toleriert. Er ist somit als Stadtpflanze oder für Plätze neben Straßen oder Pflaster geeignet. Sorten haben Laub in reinen Farben wie Gelb oder sind panaschiert ('Flamingo' hat weiß-rosagrünes Laub), sie wachsen aber langsamer.

Felsenbirne

(Amelanchier laevis und *A. lamarckii)*

⬆ 8 m ⬌ 6 m ◑–◯ ✿ 4–5

Habitus: Felsenbirnen starten mit kupfer- oder bronzeroten Austrieben im Frühjahr und beenden das Jahr mit einer orange-roten Herbstfärbung. Die weißen Blüten treten überreichlich auf und reifen im Sommer zu blauschwarzen Beeren. Diese schmecken leicht nach Marzipan und sind ein leckerer Snack für Mensch und Tier.
Verwendung: Felsenbirnen sind anspruchslos in Bezug auf Klima und Standort. Sie pflanzt man als Einzelgehölz, in Gruppen oder in Kübeln für den Balkon.
Hinweise: Ungeduldige sollten Felsenbirnen nicht zu klein kaufen, da sie Jahreszuwächse von rund 30 cm haben, doch man bekommt auch größere Pflanzen zu noch bezahlbaren Preisen. Die seltenere Asiatische Felsenbirne *(A. asiatica)* hat besonders gut duftende Blüten. Schnittmaßnahmen entfallen nahezu völlig, höchstens nach subjektivem optischem Bedarf.

Kugelbeere

(Sinofranchetia chinensis)

⬆ 10 m ◑–◯ ✿ 5–6

Habitus: Die attraktiven Austriebe haben eine rötliche Grundfarbe mit bläulich bereiften, kleeartigen Blättern. Die duftenden weißen Blüten sitzen auf Blütentrauben. Ohne Bestäubung reifen die weintraubenähnlichen purpurnen Beeren an weiblichen Pflanzen heran. Die Früchte sind ungenießbar und besitzen ein schleimiges Fruchtfleisch.
Verwendung: Die Kugelbeere benötigt eine Kletterhilfe, um an Pergolen, Laubengängen oder einem Sichtschutz hochranken zu können.
Hinweise: Die Kugelbeere bevorzugt nährstoffreiche Böden, die nicht zu Staunässe neigen. Sonnige geschützte Standorte sind bestens geeignet. In den ersten Jahren benötigt sie noch einen Winterschutz. Die Kugelbeere kann auch an Gittern auf dem Balkon gezogen werden, die Blätter fallen jedoch im Herbst ab und müssen aufgekehrt werden.

Lebkuchenbaum
(Cercidiphyllum japonicum)

⬆ 10 m　⬌ 8 m　◐–◯　❀ 3–4

Habitus: Zerreißt man das Laub, riecht es nach Lebkuchen, so entstand der umgangssprachliche Name. Die Blätter sind im Austrieb bronzefarben, im Herbst färben sie sich gelb, orange und rot. Auf sauren Böden färbt sich das Herbstlaub intensiver. Lebkuchenbäume sind zweigeschlechtlich und die purpurroten weiblichen Blüten, die noch vor dem Laubaustrieb erscheinen, sind hoch attraktiv. Nur nach Bestäubung zeigen sich die bananenartig gebogenen Hülsen.

Verwendung: Am besten kommt der Lebkuchenbaum als Solitärbaum zur Geltung.

Hinweise: Anfangs wächst der Lebkuchenbaum mit mehreren Stämmen eher strauchig, im Alter bildet sich dann eine schirmförmige Krone, die breiten Schatten wirft. Auf Trockenheit reagiert er mit Laubabwurf, mit genügend Wasser treibt er jedoch sofort wieder durch.

Schokoladenwein
(Akebia quinata)

⬆ 10 m　◐–◯　❀ 4–6

Habitus: Die Blätter bleiben bis weit in den Winter hinein an der Pflanze. Austriebe können bronzefarben überzogen sein. Im Frühjahr treten die Blütentrauben mit den würzig duftenden braunen Blüten auf, die zur deutschen Bezeichnung beitragen. Die blassvioletten Früchte sind essbar.

Verwendung: Geeignet für Sichtschutzwände, Pergolen oder Lauben mit Kletterhilfe.

Hinweise: Der Schokoladenwein ist in den ersten Jahren etwas frostempfindlich. Die Blüten und Früchte zeigen sich meist bereits im Jahr der Pflanzung. Warme und lange Sommer fördern die Fruchtreife, was den Schokoladenwein u. a. für den Balkon und für warme Innenhöfe passend macht. Der Schokoladenwein reagiert empfindlich auf Wurzelschäden und Rückschnitt. Hier beschränkt man sich auf das Einkürzen von Trieben bis zum Hauptstamm.

Trompetenblume
(Campsis grandiflora und andere Arten)

⬆ 20 m   ◑–○   ✿ 5–9

Habitus: Die Trompetenblume (siehe auch Bild S. 31) hat gefiederte Blätter, die oberseits behaart sind. Die leuchtend gelben, orangefarbenen oder roten Blüten zeigen sich erst mehrere Jahre nach der Pflanzung. Den C. × tagliabuana-Hybriden wird eine höhere Blühfreude nachgesagt. Charakteristisch ist die gelbe Herbstfärbung.
Verwendung: Trotz ihrer Haftwurzeln muss sie anfangs mit Kletterhilfen an Pergolen oder Lauben gezogen werden.
Hinweise: Sie braucht zwar ein paar Jahre, um sich an ihrem Standort zu etablieren, langfristig belohnt sie den Gärtner aber mit ihrer exotisch wirkenden Blütenfülle. In den ersten Jahren nach der Pflanzung muss sie vor Frost geschützt werden und benötigt im Frühjahr einen regelmäßigen Formschnitt. Ihre Kalktoleranz bietet sie für die Verwendung auf vielen Bodenarten an.

Winter-Jasmin
(Jasminum nudiflorum)

⬆ 3 m   ◑–○   ✿ 12–3

Habitus: Da seine Sprosse im Winter grün bleiben, wird der Winter-Jasmin oft für immergrün gehalten. Mitten im Winter erscheinen die gelben Blüten, die an Forsythien erinnern. Im Gegensatz zu anderen Jasmin-Vertretern duften sie nicht. Zweige, die im Winter ins Haus geholt werden, blühen innerhalb weniger Tage auf.
Verwendung: Der Winter-Jasmin benötigt eine Kletterhilfe, ist dann aber für Balkon und Terrasse als Sichtschutz und Schattenspender eignet. Er kann sogar überhängend quasi als Baldachin gezogen werden, wenn man seine Triebe an der Decke befestigt.
Hinweise: Mit seinen kleinen Blättern macht der Winter-Jasmin nicht allzu viel Schmutz auf dem Balkon. Seine sparrigen Triebe lassen auch im Winter immer Licht durchscheinen. Ein benachbarter Grill verursacht keine Schäden, außer die Abwärme wird allzu heiß.

Akzente
setzen

Hervorhebung und Wirkung

Was ist eigentlich ein Akzent und wie kann er schließlich gesetzt werden? Einer Definition folgend ist ein Akzent »ein Mittel der Hervorhebung«. In diesem Kapitel müssen also keine speziellen Ansprüche oder Situationen mit einer entsprechenden Pflanzenverwendung gemeistert werden. Es gilt vielmehr, besondere Pflanzen mit ihren individuellen Merkmalen so passend in die Umgebung einzubetten, dass ein Bereich im Garten optisch betont und dadurch hervorgehoben wird. Für Rabatten, die bereits ein Meer aus Blüten, Farben und Formen sind, bedeuten pflanzlichen Akzente

einen zusätzlichen Feinschliff. Solche betonenden Pflanzen sollen Prachtstauden und Ziergehölze hervorheben und müssen deshalb durch sich selbst noch stärker als jene wirken. Sie erzielen diese Wirkung durch ihren Wuchs, Fruchtschmuck oder ihre Blüten- und Blattfarben. Im Grunde sind alle besonders gewachsenen Pflanzen geeignet, um Highlights in Pflanzungen zu setzen. Natürlich sind sie auch als allein stehende Pflanzen für Blickfänge im Garten bestens brauchbar. Manchmal genügt eine einzige dieser Turbopflanzen, um aus dem Garten etwas Besonderes zu machen.

✹ Die blaue Bauernhortensie ist der Mittelpunkt dieses Ruhe ausstrahlenden Bereichs.

Die richtige Pflanze finden

Akzente in der Gartengestaltung zu setzen geht weit über den rein technischen Vorgang des Pflanzens hinaus. Jede Pflanze hat ein »Gesicht«. Der Habitus muss begutachtet werden und der ideale Anblick ist erst gefunden, wenn die Pflanze im Pflanzloch so lange gedreht wurde, bis sie voll zur Geltung kommt. Das ist ein sehr kreativer Aspekt der Gestaltung mit Pflanzen. Unterscheiden Sie individuell zwischen dem Einsatz einer Pflanze in Mischpflanzungen oder als Solitär.

Schnelle Akzente können nur mit Pflanzen gesetzt werden, die nicht erst noch über viele Jahre hinweg gepäppelt werden müssen. Der Anfang sollte daher gleich mit relativ großen Pflanzen gemacht werden, die schon ihren individuellen Charakter ausgebildet haben. Der Aufpreis für sie ist es allemal wert und mit den zu erwartenden Zuwächsen wird der Anblick schließlich immer eindrucksvoller. Besonders Gehölze sind mit ihren vielen unterschiedlich wachsenden Kronenformen wie geschaffen dafür, das ganze Jahr über ein Blickfang zu sein.

Natürlich beschränkt sich die Pflanzenauswahl nicht nur auf die Gruppe der Gehölze. Verschiedene Stauden und Kletterpflanzen bieten gleichfalls reichlich Auswahl an Blickfang-Pflanzen. Um einen Querschnitt durch möglichst

☀ Funkien können mit ihren großen Blättern in ihrer ganzen Vielfalt ein ganz besonderes Flair in den Garten holen.

viele Pflanzengruppen zu zeigen, kann hier nur eine kleine Auswahl der vielen möglichen Pflanzen vorgestellt werden. Interessierte Leser werden sicherlich in Büchern oder beim Einkaufsbummel spontan weitere attraktive Pflanzen finden.

Die hier vorgestellten Arten sind entweder sehr einfach zu beziehen, auch als größere Exemplare, oder besitzen ein großes Potenzial spektakulär zu wachsen. So kann mit wenig Aufwand und innerhalb kurzer Zeit der gewünschte Effekt ebenfalls erzielt werden. Um den raschen Erfolg noch zu beschleunigen, können die Pflanzen bei entsprechend vorhandenem Platz auch in 3er- oder 5er-Gruppen gepflanzt werden.

Ob im Vorgarten – und damit für viele Passanten einsichtig – oder in einem rückwärtig gelegenen Teil des Gartens, mit ihren speziellen Charakteristika schaffen die folgenden vorgestellten Pflanzen immer einen besonderen Eindruck. Abgeschnittene Blüten- oder Fruchtstände, z. B. von Hortensien oder Waldreben, halten den Winter über Erinnerungen an die wunderbaren Anblicke wach. Einige der Pflanzen aus diesem Kapitel sind noch nicht sehr verbreitet in der privaten Pflanzenverwendung und bringen damit zusätzliche Exotik in den Garten.

Herbstfärbung

Weit bekannt ist, dass die prachtvolle Herbstfärbung von Pflanzen wie dem Fächer-Ahorn oder dem Judasbaum der Übergang in die Winterruhe ist. Jedoch wird selten die Frage nach dem Warum oder Wie gestellt. Biochemische Vorgänge innerhalb der Pflanze sorgen für die spektakulären Farben.

Die Herbstfärbung rührt von roten und gelben Farbpigmenten (z. B. Carotinoiden und Xanthophyllen) her, die im Blatt vorhanden sein müssen. Das erklärt, warum nicht alle Pflanzen eine kräftige Herbstfärbung besitzen. Das grüne Chlorophyll hat diese Farbstoffe den Sommer über verdeckt, doch wenn es im Herbst abgebaut wird, dominieren die anderen Farbstoffe und treten sichtbar hervor. Durch die biochemischen Umwandlungsprozesse zeigen sich im weiteren Verlauf die verschiedenen Farben Rot, Orange und Gelb.

Sonnig warme Tage und kühle Nächte begünstigen diese Stoffwechselvorgänge und intensivieren die Herbstfärbung, die mitunter zu den aufsehenerregendsten Anblicken im Gartenjahr führt. Wer eine Pflanze mit intensiver Herbstfärbung hat, möchte sie sicher nie mehr missen.

Chinaschilf
(Miscanthus sinensis)

⬆ 2,5 m   ⬌ 1,5 m   ◐–○   ✿ 8–10

Habitus: Das Laub ist schmal mit einem silbrig-weißen Mittelstreifen (die Sorte 'Zebrinus' hat gelb-weiß gestreiftes Laub) und einer rötlich braunen Herbstfärbung. Zuverlässig erscheinen bei den meisten Sorten die großen weißen, zum Teil auch rosa bis rötlichen Blütenähren. Manche blühen in Mitteleuropa aber nicht.

Verwendung: Das Chinaschilf ist eine schöne Solitärpflanze, eignet sich aber auch für Mischrabatten oder als Kombinationspartner für andere Stauden. Mit ihm lassen sich dekorative Kübel als sommerlicher Sichtschutz bepflanzen.

Hinweise: Chinaschilf benötigt für seine großen Jahreszuwächse von bis zu 1,5 m viel Nährstoffe und Wasser. Die abgestorbenen Blätter am besten den Winter über an der Pflanze lassen. Erst im Frühjahr, wenn die Neutriebe bereits eine Handbreit ausgetrieben haben, auf diese Höhe zurückschneiden.

Blauglockenbaum
(Paulownia tomentosa)

⬆ 12 m   ⬌ 10 m   ◐–○   ✿ 4–5

Habitus: Das herzförmige Laub kann beeindruckende 50 cm groß werden. Die Blätter fallen ohne Herbstfärbung erst spät im Jahr ab. Vor dem Laubaustrieb im Frühjahr erscheinen die duftenden violett-blauen Blüten an kerzenartigen Blütenständen und verwandeln den Baum in ein schieres Blütenmeer. Die einer Walnuss ähnlichen Früchte bleiben den gesamten Winter über am Baum.

Verwendung: Der Blauglockenbaum ist eine äußerst schnellwüchsige Pflanze und benötigt viel Platz. In Innenhöfen oder als Solitärbaum entwickelt er sich zu voller Schönheit.

Hinweise: Der Blauglockenbaum ist sehr ausladend, fast genauso breit wie hoch und braucht von Anfang an viel Platz. Junge Triebe sind innen hohl und müssen ausreifen können, was besonders junge Pflanzen in den ersten Jahren manchmal zurückfrieren lässt.

Wuchs: ⬆ Höhe / ⬌ Breite in Metern   **Standort:** ○ sonnig ◐ halbschattig ● schattig   **Blütezeit:** ✿ in Monaten

Fächer-Ahorn
(Acer palmatum)

⬆ 8 m   ◑–◯   ✿ 4–5

Habitus: Je nach Sorte sind die Blätter dunkelgrün, tiefrot, orange oder bunt gesprenkelt. Nur an älteren Exemplaren zeigen sich die purpurnen Blütentrauben und die ahorntypisch geflügelten Früchte.

Verwendung: Er ist viel toleranter als allgemein angenommen und eignet sich für Grundstückseingänge, Terrassenbeete oder als Balkonpflanze.

Hinweise: Der Fächer-Ahorn, besonders die geschlitztblättrigen Sorten (kenntlich durch den Namen 'Dissectum'), ist eine besonders auffällige Pflanze. Sein Habitus und die gefärbte Rinde lassen ihm auch im Winter seine Attraktivität. In Gruppen gepflanzt, zeigt sich im Herbst ein Farbenmeer in Gelb, Orange und Rot. In sehr kalten Gebieten ist in den ersten Jahren Winterschutz empfehlenswert. Nicht mit zu kleinen Pflanzen beginnen.

Funkie
(Hosta-Arten)

⬆ 0,5 m   ⬌ 0,5 m   ●–◯   ✿ 7–8

Habitus: Das Arten- und Sortenspektrum ist enorm, allen gemein ist das dekorative Laub (Farben, Form und Größe). Die Blütenfarben decken das Spektrum weiß, blassrosa und dunkellila ab, zum Teil mit angenehmem Duft. Wenn Bienen die Blüten erfolgreich bestäuben, reifen grüne Kapselfrüchte heran.

Verwendung: Funkien sind zwar ausgewiesene Schattenpflanzen, doch zum Teil erstaunlich sonnenverträglich. Sie bilden dichte Horste, was sie für Rabatten eignet, doch auch als Kübelpflanze sind sie ein Hingucker auf dem Balkon.

Hinweise: Sogar sehr sonnenexponierte Standorte oder Bereiche, in denen besonders viele Schnecken leben, können bei guter Sortenwahl mit Funkien besetzt werden. Funkien sind unkompliziert und vielseitig, mit hohem Zierwert und vielen Verwendungsmöglichkeiten. Man kann sie durch Teilen leicht selbst vermehren.

Garten-Pampasgras
(Cortaderia selloana)

⬆ 2,5 m   ⬌ 1,5 m   ◐–○   ✿ 9–10

Habitus: Das Pampasgras besitzt schmale, feste, überhängende und scharfkantige Blätter. Die weißen, weichen, seidig glänzenden dichten Rispen erscheinen im Spätsommer und bleiben lange an der Pflanze.

Verwendung: Als Solitärpflanze oder in Rabatten kommt es gut zur Geltung. In großen Pflanzgefäßen und bei guter Wasserversorgung ist es für Dachterrassen geeignet.

Hinweise: Für seine rasche Entwicklung benötigt es eine gute Nährstoff- und Wasserversorgung, gelegentliche Trockenheit wird vertragen. Das Entfernen abgestorbener Blätter und ein Rückschnitt im Frühjahr fördern die Horstbildung. Feste Handschuhe schützen dabei vor den scharfkantigen Blatträndern. Die Blütenstände eignen sich hervorragend für Trockensträuße oder in Vasen und bleiben über viele Monate hinweg dekorativ.

Hortensie
*(Hydrangea-*Arten)

⬆ 1,5 m   ⬌ 2,0 m   ●–◐   ✿ 6–9

Habitus: Das Laub fällt je nach Art und Sorte sehr unterschiedlich aus, die Eichenblatt-Hortensie *(H. quercifolia)* besitzt eine rötliche Herbstfärbung. Die teller- oder ballförmigen Blüten können sehr groß werden (bis zu 30 cm) und sind weiß, rosa oder blau.

Verwendung: Hortensien mögen nährstoffreiche, nicht zu trockene Böden und sollten windgeschützt gepflanzt werden. In einem halbschattigen Beet sowie im Kübel sind sie dankbare Pflanzen für Garten oder Balkon.

Hinweise: Die großblütigen Sorten brechen leicht bei Regen oder Wind und müssen zum Schutz gestäbt werden. Tolle Arten sind *H. arborescens* (im Bild) mit großen weißen Blütenbällen, die Riesenblatt-Hortensie *(H. aspera)*, die Samt-Hortensie *(H. sargentiana)* mit lila-weißen Tellerblüten und die Bauernhortensie *(H. macrophylla)*.

Judasbaum
(Cercis-Arten)

⬆ 7 m   ◐–◯   ✿ 3–4

Habitus: Vor dem Laubaustrieb treten die pinken Blüten zahlreich in büschelartigen Trauben an den Trieben der Vorjahre auf. Die Blätter sind beim Austrieb bronzefarben und zeigen später eine bunte Herbstfärbung.

Verwendung: Als Solitärbaum, an Mauern, vor kleineren Sträuchern und in Rabatten ist der Judasbaum eine Bereicherung für jeden Standort. Als Kübelpflanze wächst er deutlich langsamer, weshalb man dann am besten gleich größere Exemplare kauft.

Hinweise: Er ist einer der wenigen kalkliebenden Bäume, die höchstens schwach saure Böden vertragen. Er verträgt Hitze- und Trockenperioden und ist daher für Stadtgärten gut geeignet. *C. canadensis* 'Forest Pansy' ist ein einziges Farbenspektakel, mit leuchtend roten Blättern vom Frühjahr bis in den Herbst hinein, während dessen sie sich dunkellila verfärben.

Prachtglocke
(Enkianthus campanulatus)

⬆ 4 m   ⬌ 2,5 m   ●–◐   ✿ 4–5

Habitus: Die Prachtglocke ist ein selten gepflanztes Ziergehölz, das quirlständige, in Etagen angeordnete blaugrüne Blätter besitzt, die im Herbst einen feurigen Farbverlauf zeigen. Die typisch heideartigen, glockenförmigen rötlich weißen Blüten erscheinen noch vor dem Laubaustrieb reichlich und halten lange. Der Wuchs ist straff aufrecht.

Verwendung: Die Prachtglocke wirkt als Einzelpflanze, in Kübeln oder wenn sie in Gruppen gepflanzt wird. Sie ist außerdem ein guter Kombinationspartner zu Fächer-Ahorn, Bambus, Rhododendren und Hortensien.

Hinweise: Wie alle anderen Heidekrautgewächse meidet auch sie Kalk. Bei guter Wasserversorgung wächst sie auch an sonnigen Plätzen. Durch den langsamen Wuchs sollten gleich größere Exemplare gepflanzt werden. Schnittmaßnahmen entfallen nahezu völlig.

Schein-Kamelie
(Stewartia pseudocamellia)

⬆ 8 m ⬅➡ 4,5 m ◐–○ ❀ 6–8

Habitus: Ihr Laub ist eiförmig und färbt sich im Herbst gelb, orange oder rot. Sie ist eng mit der echten Kamelie verwandt, der Umgangsname bezieht sich auf die zum Verwechseln ähnlichen Blüten. Die optisch interessanten, braunen, 5-klappigen Fruchtkapseln bleiben lange an der Pflanze.

Verwendung: Durch ihren hohen Zierwert bietet sie sich als Solitärpflanze an.

Hinweise: Sie bevorzugt humose, durchlässige, aber nicht austrocknende Böden mit leicht saurem pH-Wert. Neben den auffälligen Blüten und ihrer Herbstfärbung schält sich die Borke (äußerste Schicht der Rinde) ab, was bei älteren Exemplaren zu einem tollen Stamm-Muster führt. Die Schein-Kamelie wächst nicht besonders schnell, so dass sich der Kauf größerer Exemplare anbietet. In den ersten Jahren vor Frösten im Winter schützen.

Scheinrebe
(Ampelopsis aconitifolia, A. glandulosa var. *brevipeduncultata* oder *A. megalophylla)*

⬆ 8 m ◐–○ ❀ 7–8

Habitus: Scheinreben besitzen leuchtend grünes Laub. Am ausgefallensten ist das rotweiß gesprenkelte Laub der Sorte 'Elegans'. Weißlich grüne Blüten formen einen Blütenstand. Äußerst dekorativ sind die Früchte in Orange und Rosa, Lila und Blau bis hin zu Türkis, was sehr selten bei Pflanzen vorkommt.

Verwendung: Mit einer Kletterhilfe ist sie für Säulen, Fallrohre, Mauern, Wände und Zäune geeignet.

Hinweise: Scheinreben sind frostempfindlich und benötigen einen Winterschutz. Meist frieren sie weit zurück, treiben allerdings auch wieder kräftig durch. Junge Triebe müssen angebunden werden, bei größeren Pflanzen fällt dies weg, da sie mit ihren Ranken leichter Halt finden. An sehr sonnigen Plätzen müssen sie ausreichend mit Wasser versorgt werden, da sie einen hohen Wasserbedarf haben.

Spalthortensie
(Schizophragma hydrangeoides)

⬆ 10 m   ◐   ✿ 7–8

Habitus: Ihre cremeweißen Blüten (bei der Sorte 'Roseum' rosa) erinnern an Hortensien und duften zum Teil schwach. Die Blätter werden bis zu 15 cm lang und fallen im Herbst ohne Herbstfärbung ab.

Verwendung: Sie bildet Haftwurzeln aus, mit denen sie an Mauern und Wänden hochwächst. Um ihr das Klettern zu erleichtern, sollte sie anfangs an Kletterhilfen aufgebunden werden.

Hinweise: Sie ist eng mit den echten Hortensien verwandt, doch ist sie viel seltener zu finden. Sie ist frostempfindlich und benötigt einen ausreichenden Winterschutz. Sie wächst in den ersten Jahren langsam, ältere Exemplare sind wüchsiger. Eine Mulchschicht verhindert, dass die Wurzeln der Spalthortensie austrocknen, denn sie ist empfindlich gegenüber Trockenheit. Außerdem stellt der Mulch bereits einen einfachen Winterschutz dar.

Strauch-Pfingstrose
(Paeonia suffruticosa)

⬆ 1,5 m   ◐–○   ✿ 5–6

Habitus: Beeindruckend sind ihre bis zu 30 cm großen, schalenförmigen, gefüllten oder ungefüllten Blüten, die je nach Sorte angenehm duften. Das Farbenspektrum umfasst weiß, rosa, rot, lila und rosa. Rötliche, später braun werdende Balgfrüchte treten an den Fruchtständen auf. Ihr Laub ist auf der Blattunterseite bläulich, besitzt kaum Herbstfärbung und fällt bereits im zeitigen Herbst ab.

Verwendung: Es sind sehr langlebige Sträucher, die nährstoffreiche Böden in offenen Beeten bevorzugen.

Hinweise: Die Strauch-Pfingstrose bildet eher wenig verzweigte Triebe aus. Mit rötlichen Austrieben im Frühjahr, die sich im weiteren Verlauf grün färben, zeigt sie bereits sehr früh den Frühling an. Blüten und Fruchtstände sind in der Floristik sehr beliebt und halten sich lange in Sträußen oder als Trockenschmuck.

Tamariske

(Tamarix parviflora oder T. ramosissima)

⬆ 5 m   ⬌ 3 m   ◑–○   ✿ 5–6

Habitus: Die schuppenartigen Blätter umfassen den Stängel eng, sodass sie kaum als Blätter wahrgenommen werden. Die grünen Triebe sind sehr dünn und filigran, im Winter verfärben sie sich tiefrot bis schwärzlich. Ihr ganzer Wuchs ist locker und buschig ausladend und ähnelt keinem anderen Strauch. Die vielen rosa Blüten erscheinen am zweijährigen Holz.

Verwendung: Sie eignet sich als Kübelpflanze, Solitärstrauch, an Gehölzrändern oder als Begleitpflanze in lockeren Hecken.

Hinweise: Die Tamariske ist durch ihren Habitus und die Blütenschwemme sehr auffällig und wirkt recht exotisch. Kaum eine andere Gartenpflanze passt sich auch an die ungünstigsten Standorte und Bodenverhältnisse so gut an. Sogar Salzböden in Küstengegenden werden toleriert. Wichtig ist eine gute Nährstoffversorgung. Beim Verpflanzen leidet sie leicht.

Waldrebe

(Clematis-Arten)

⬆ 15 m   ◑–○   ✿ 5–9

Habitus: Waldreben haben meist mehrzählig gefiedertes Laub, nur die Gold-Waldrebe *(C. tangutica,* s. Bild) hat eine gelbe Herbstfärbung. Die Blütenfarben gehen von Weiß, Gelb, Rot, Blau, Violett bis Pink je nach Art und Sorte. Die Blütenformen sind ungefüllt, gefüllt, glocken- oder schalenförmig (vgl. S. 9, S. 32).

Verwendung: Waldreben benötigen eine Kletterhilfe, um an Pergolen, Balustraden, Balkonen und Mauern hochwachsen zu können. Wenn sie keine Kletterhilfe bekommen, kriechen sie über den Boden.

Hinweise: Arten, die sich für den Balkon bewährt haben, sind die Rispenblütige Waldrebe *(C. terniflora)*, Gewöhnliche Waldrebe *(C. vitalba)*, Bergrebe *(C. montana)* und die Gold-Waldrebe *(C. tangutica)*. Waldreben können in strengen Wintern zurückfrieren und sind zudem empfindlich gegen Trockenheit.

Schwierige Standorte begrünen

Herausforderungen meistern

Ungünstige Standorte bereiten die größten Schwierigkeiten in der Gartengestaltung. Zu lehmige oder sandige Böden, tiefer Schatten und hoher Wurzeldruck unter alten Bäumen zum Beispiel haben schon viele gärtnerische Bemühungen zunichte gemacht.

Gerade die Extreme, also zum Beispiel eine tief schattige oder vollsonnige Lage, können meist nicht ohne Weiteres geändert werden. Pflanzen benötigen eine ausreichende Menge Licht, um wachsen zu können, dies gilt selbst für ausgemachte Schattenpflanzen. Im Gegensatz hierzu kann zu starke Sonneneinstrahlung Pflanzen regelrecht verbrennen. Allerdings gibt es Pflanzen, die sich gegen intensive Sonneneinstrahlung mit beispielsweise flaumigen Härchen auf den Blättern zu schützen wissen. Doch auch sie sind nicht komplett vor Austrocknung geschützt. Auch Konkurrenzpflanzen wie Unkräuter können das Wachstum der Pflanzen unterdrücken. Dieses Szenario spitzt sich unter Bäumen durch den vorherrschenden hohen Wurzeldruck weiter zu. Unter Wurzeldruck versteht man die Konkurrenz durch das umfangreiche Wurzelgeflecht großer Bäume, mit dem diese Nährstoffe und Wasser so effizient aufnehmen können, dass andere Pflanzen leer

☀ Abschüssiges Gelände und die Nähe zu Steinstufen sind nichts für empfindliche Pflanzen, die Immergrüne Heckenmyrte kommt gut damit zurecht.

ausgehen. Nährstoff- und Lichtmangel in Verbindung mit durchsetzungskräftigen Konkurrenzpflanzen wie Wurzelunkräutern verursacht die schwierigsten Situationen im Garten und kann nur mit besonderen Pflanzen gärtnerisch bewältigt werden.

Schwierige Standorte im Garten

Es gibt mehr Gartenbereiche, auf die die vorangegangenen Beschreibungen zutreffen, als man im ersten Moment denkt: Ein alter Baum im Garten, eine südseitige Dachterrasse oder der Gebäudeinnenhof, in dem durch Rückreflexionen der Einstrahlung an Fenstern die Temperaturen stellenweise bis auf 60 °C steigen können. Offene Böden erodieren durch den Einfluss von Wind und Regen, was die Situation dann noch verschärft. Eine passende Bepflanzung wirkt dem entgegen. Tatsächlich gibt es Pflanzen, die es schaffen, auch mit diesen sehr schlechten Wachstumsbedingungen zurechtzukommen, und trotzdem kein langweiliges »Grün« sind.

Unverwüstliche Pflanzen

Die Pflanzen in diesem Kapitel teilen sich quasi in zwei Gruppen auf: die einen, die mit Schatten und Wurzeldruck zurechtkommen (Immergrüne Heckenmyrte, Efeu, Kleeblättriges Schaumkraut, Kriechender Günsel und Rauling), und die anderen, die in der vollen Sonne bei Trockenheit wachsen können (Blasenspiere, Blasenstrauch, Geißklee, Lavendel und Sommerflie-

der). Die Pflanzen aus der letzteren Gruppe erholen sich aus der Welke, wenn das Gießen einmal vergessen wurde und blühen sogar noch üppig jenseits der 40 °C. Alle Pflanzen aus diesem Kapitel sind deshalb so interessant, da sie wenig Pflege benötigen, meist nährstoffarme Böden bevorzugen und trotz geringster gärtnerischer Aufmerksamkeit unbeirrt blühen. Die Bodendecker darunter, wie Efeu, Günsel oder das Kleeblättrige Schaumkraut, können sogar einmal mit dem Rasenmäher übergemäht werden, ohne dass sie ernsthaften Schaden nehmen. Die Sträucher können stark zurückgeschnitten werden und treiben dennoch willig wieder aus. Bei allen handelt es sich um robuste Überlebenskünstler, was eine Verwendung nahezu ohne Einschränkungen ermöglicht.

☀ Der Kriechende Günsel *(Ajuga reptans)* hält aber auch Schatten und Wurzeldruck aus.

Blasenspiere
(Physocarpus opulifolius)

⬆ 3 m   ⬌ 5 m   ●–○   ✿ 6–7

Habitus: Das sommergrüne Laub dieses stark-wüchsigen Strauchs ist in der Form recht variabel, im Herbst färbt es sich rotbraun. An Doldentrauben erscheinen die weißen bis rosa-farbenen Blüten mit braunen Staubfäden, nur selten treten die blasig aufgeblähten Früchte auf.

Verwendung: Die Blasenspiere kann als Solitär- oder Gruppengehölz so ziemlich an jedem Standort gepflanzt werden. Ob schattig oder sonnig, trocken oder zeitweise überschwemmt – sie ist ein anspruchsloser Strauch, der allen Widrigkeiten gewachsen ist.

Hinweise: Die reine grünlaubige Art wurde um attraktive gelb- und rotlaubige Sorten erweitert. Besonders mit diesen buntlaubigen Sorten las-sen sich Akzente im Garten setzen, wenn zum Beispiel die weißen Blüten über dem roten Laub stehen.

Blasenstrauch
(Colutea arborescens)

⬆ 3 m   ○   ✿ 5–10

Habitus: Die gefiederten Blätter sind sommer-grün. Die typischen gelben Schmetterlings-blüten treten den ganzen Sommer über ununterbrochen auf und machen den Strauch zum Dauerblüher. Die pergamentartigen, auf-geblasenen Früchte färben sich während der Reife rot und sind toll anzusehen.

Verwendung: Er ist ein sehr anspruchsloser Strauch, der sich hervorragend für kiesige, tro-ckene Böden eignet. Mit ihm kann man auch Hänge erfolgreich begrünen.

Hinweise: Der Blasenstrauch wächst selbst auf den schlechtesten Standorten, benötigt nahezu keinerlei Pflege und blüht trotzdem reichlich. Wie Sommerflieder und Blasenspiere ist er eine Ruderalpflanze, die sich gern selbst verbreitet, und kann zu einem Gartenflüchtling werden. In Pflanzgefäßen kann er auch gut auf Dachterras-sen gezogen werden.

Efeu
(Hedera-Arten)

⬆ 15 m   ●–◐   ✿ 7–9

Habitus: Das immergrüne Laub des Efeus ist in der Jugend 3- bis 5-lappig und wird im Alter eiförmig. Die Blüten erscheinen erst an alten Pflanzen (8–10 Jahre) und sind eine reiche Futterquelle für Insekten, später reifen sie zu blauschwarzen Früchten.

Verwendung: Efeu ist dafür bekannt, in der Fassadenbegrünung massive Bauschäden zu verursachen. Er ist aber auch eine der ganz wenigen Pflanzen, die auf tiefschattigen Plätzen unter Bäumen wachsen.

Hinweise: Efeu kann gut unter Bäumen wachsen, klettert mit seinen Haftwurzeln aber auch an den Baumstämmen hinauf. Negative Auswirkungen durch Bewuchs von Bäumen mit Efeu sind stark umstritten, doch lassen sich die jungen Efeutriebe sehr einfach vom Stamm entfernen. Die vorhandenen Arten und Sorten ermöglichen umfangreiche Verwendungsmöglichkeiten.

Geißklee
(Cytisus-Arten)

⬆ 2 m   ○   ✿ 4–5

Habitus: Die unauffälligen Blättchen sitzen an kantigen grünen Trieben. Ein schier überreiches Blütenmeer zeigt sich im Frühjahr, wenn noch wenige andere Pflanzen blühen. Die Blüten verströmen einen intensiven Duft und reifen zu erbsenartigen Hülsenfrüchten. Geißklee ist sehr schnellwüchsig.

Verwendung: Geißklee eignet sich für die Verwendung in Pflanzgefäßen, auf Terrassen, an Gehölzrändern oder Mischpflanzungen.

Hinweise: Er ist eine Gartenpflanze, die auch auf schwierigen Böden (stark sandig oder lehmig) wächst. Große Hitze und Trockenheit übersteht er schadlos, treten sie während der Blüte auf, lässt die Blühdauer nach. Hauptsächlich werden Elfenbein-Ginster *(C. × praecox)* und Besen-Ginster *(C. scoparius)* mit ihren vielen Sorten (Blütenfarben rein oder gemischt in Weiß, Gelb, Pink, Lila etc.) angepflanzt.

Immergrüne Heckenkirsche

(Lonicera ligustrina [alt: *L. nitida* oder *L. pileata])*

⬆ 0,8 m   ⬌ 2,0 m   ●–◐   ✿ 4–5

Habitus: Diese Pflanze behält ganzjährig das glänzend dunkelgrüne Laub. Rahmweiße duftende Blüten erscheinen in den Blattachseln. Die schwach giftigen violetten Früchte reifen zwischen September und Oktober heran.

Verwendung: Sie ist eine ideale Heckenpflanze bzw. auch eine wertvolle Alternative zu Buchs, die kaum anfällig für Krankheiten ist. Sie wächst selbst an tiefschattigen Plätzen oder an Gehölzrändern. Als Bodendecker oder zur Böschungsbegrünung ist sie ebenfalls geeignet.

Hinweise: Ihre Robustheit wird gerne für städtische Grünanlagen wie öffentliche Parkplätze ausgenutzt. Standorte von sehr schattig bis hin zu sonnig und trocken verträgt sie gleichermaßen. Am Ende des Winters (der Neuaustrieb im Frühjahr überdeckt später die Schnittkanten) kann sie stark geschnitten werden, auch in Form, sofern gewünscht.

Kleeblättriges Schaumkraut

(Cardamine trifolia)

⬆ 0,2 m   ⬌ 0,3 m   ●–◐   ✿ 4–6

Habitus: Das an ein Kleeblatt erinnernde Laub deckt den Boden wie eine Matte ab und bleibt auch im Winter grün. Im späten Frühling erscheinen die weißen, manchmal rosaroten Blüten mit den auffälligen gelben Staubfäden.

Verwendung: Mit seinem mattenartigen Wuchs wächst das Kleeblättrige Schaumkraut am besten direkt unter großen Bäumen oder an Gehölzrändern. Als Waldstaude kommt es auch mit ausgeprägtem Wurzeldruck von Bäumen gut zurecht. Es ist auch ein guter Partner für die spät austreibenden Funkien.

Hinweise: Wenn man das Kleeblättrige Schaumkraut lässt, kann es im positiven Sinne verwildern. Mit seinen kurzen Rhizomen deckt es bald große Flächen zu. Das Fall-Laub von Gehölzen im Herbst macht dem Kleeblättrigen Schaumkraut nichts aus, selbst wenn es von einer dicken Schicht bedeckt wird.

Kriechender Günsel
(Ajuga reptans)

⬆ 0,2 m   ⬌ 0,6 m   ●–○   ✿ 5–6

Habitus: Die eiförmigen, bis zu 9 cm großen Blätter sind immergrün. Inzwischen gibt es viele Sorten mit buntem Laub, das sehr gut mit den lila Blüten kontrastiert. An langen Wirteln zeigen sich die vielen kleinen lila bis bläulichen Blüten, die von vielen verschiedenen Insekten angeflogen werden.

Verwendung: Zusätzlich zu seinem rosettenartigen Wuchs wurzeln oberirdische Triebe leicht an, womit sich der Günsel schnell flächenartig ausbreiten und als Bodendecker fungieren kann. Panaschierte Sorten bevorzugen eher sonnigere Standorte.

Hinweise: Der Kriechende Günsel ist eine heimische Wildstaude, die auch auf kalkhaltigen Böden wächst. Durch die vielen Sorten hat er sich zu einer wertvollen Gartenpflanze entwickelt, die interessante Verwendungsmöglichkeiten für schwierige Standorte bietet.

Lavendel
(Lavandula angustifolia)

⬆ 1 m   ⬌ 1,2 m   ○   ✿ 5–10

Habitus: Die linealen Blätter sind graugrün behaart. An Ähren erscheinen die typischen duftenden, blauen Lippenblüten, die nicht nur die Bienen so sehr lieben.

Verwendung: Lavendel kann nahezu an jedem sonnigen Standort eingesetzt werden, ob vom Steingarten, als Heckenpflanze, für Randbepflanzungen oder auch Innenhöfen, die sich bis zu 60 °C aufheizen können.

Hinweise: Lavendel ist eine sehr bekannte Gartenpflanze, die wegen ihrer Duft- und Aromastoffe aber auch kommerziell angebaut wird. Der Strauch eignet sich besonders für trocken, heiße Standorte und leidet nur, wenn er zeitweilig überschwemmt wird oder dauerhaft zu nass steht. Durch Sorten wurde das typische Lavendelblau um Weiß und Rosa erweitert. Altbekannt und immer noch beliebt ist die Verwendung trockener Blätter und Blüten in Potpourris.

Rauling
(Trachystemon orientalis)

⬆ 0,4 m   ⬌ 0,6 m   ●–◑   ✿ 3–5

Habitus: Diese Wildstaude ist eng mit dem Borretsch verwandt. Das bis zu 30 cm große Laub ist sehr rau. Kleine lila-rosa Blüten, die gern von Hummeln angeflogen werden, erscheinen an den Blütenständen.

Verwendung: Zwar ist er nicht die wüchsigste Pflanze, doch entweder eng gepflanzt oder mit etwas Zeit ist der Rauling durchaus ein Bodendecker für schwierige Bereiche. Von tiefschattig und von Bäumen überwachsen, trocken oder nass – alle Standorte werden vertragen.

Hinweise: Mit dem Rauling können leicht schwierige Standorte begrünt werden. Außergewöhnlich ist seine Durchsetzungskraft, sodass er langfristig selbst den Giersch unterdrückt. Da Giersch als Wurzelunkraut schwer zu bekämpfen ist, ist der Rauling eine tolle Möglichkeit, diesem Herr zu werden (siehe Kasten Seite 75).

Sommerflieder
(Buddleja davidii)

⬆ 3 m   ⬌ 5 m   ○   ✿ 6–7

Habitus: Die Blätter sind graugrün und filzig behaart. Den intensiv duftenden Blüten hat dieser Strauch seinen Umgangsnamen zu verdanken. Die dichten Rispen ziehen besonders viele Schmetterlinge an.

Verwendung: Er ist eine Pflanze für karge und sehr sonnige Standorte. Diese Eigenschaft hat ihn zu einer Ruderalpflanze gemacht, die auch vom Menschen vernachlässigte Plätze wie Schutthalden und Gleisbetten besiedelt.

Hinweise: Auch wenn er umstritten ist, ist der Sommerflieder eine wertvolle Gartenpflanze. Die vielen Sorten decken die Blütenfarben weiß, rosa und lila ab. Es gibt auch mehrfarbige Sorten. Andere Arten wie *B. alternifolia* oder *B. × weyeriana* besitzen entweder einen überhängenden Wuchs oder gelbe Blüten und erweitern so die bereits umfangreichen Verwendungsmöglichkeiten zusätzlich.

Das Giersch-Paradoxon

Giersch wird sehr häufig als Unkraut wahrgenommen, doch muss dies nicht unbedingt zutreffend sein. Er ist eine hervorragende Pflanze für schwierige Standorte, an denen viele andere Pflanzen nicht mehr wachsen können. Besonders interessant sind die panaschierten Formen und Sorten. Viele schätzen ihn auch als wohlschmeckendes Wildgemüse.

Trotzdem, wem Giersch nicht gefällt und das wiederholte Ausgraben der Rhizome zu mühsam ist, kann auf pflanzliche Konkurrenz wie den Rauling setzen (siehe Seite 74). Nach einigen Jahren hat der Rauling den Giersch unterdrückt und dieser ist vollständig verschwunden. Im Gegensatz zu den hartnäckigen Gierschwurzeln, kann der Rauling einfach und rückstandslos entfernt werden. Andere Pflanzen können dann an die ehemals verunkrautete Stelle gepflanzt werden.

☀ Nahezu unverwüstlich und konkurrenzstark kann der Giersch Fluch und Segen zugleich sein.

Mit den Pflanzen umgehen – der Praxisteil

Der Pflanzeneinkauf

Mit dem Kauf der Pflanzenarten, für die man sich entschieden hat, beginnt der praktische Teil der Gartengestaltung. Egal in welchem Handelsgeschäft man die gewünschten Pflanzen kauft, sieht man sich der Herausforderung gegenüber, sich für eine der verschiedenen angebotenen Qualitäten und manchmal auch für welche Stückzahl davon zu entscheiden.

Container- und Ballenware

Während Stauden standardmäßig nur in Containern (= große Pflanztöpfe) verkauft werden, bieten Baumschulen bei Sträuchern und Bäumen auch Ballenware an. Ballenware sind im Freiland aufgepflanzte Bäume und Sträucher, die mit ihrem Wurzelballen ausgestochen und mit Leinen balliert wurden. Ballenware sollte nur im Frühjahr oder Herbst gepflanzt werden, denn das Ausstechen der Pflanzen hat die Wurzelmasse reduziert, die im Sommer für Wasseraufnahme und Anwachsen benötigt wird. Dagegen können Containerpflanzen das ganze Jahr über gepflanzt werden. Trotzdem gibt es auch bei ihnen wichtige Qualitätskriterien, denn dunkle Container z. B. können sich so tark erwärmen, wenn sie von der Sonne beschienen werden, dass die Wurzeln an der Containerinnenwand regelrecht verbrennen und absterben. Containerpflanzen, die sehr lange auf Verkaufsflächen gestanden haben,

☀ Ballenware pflanzt man am besten im Herbst. Sie wurzelt bis zum nächsten Frühjahr gut ein.

☀ Containerware kann man das ganze Jahr über pflanzen, die Qualität sollte aber beim Kauf geprüft werden.

können auch durch unregelmäßige Wasser-
gaben im wahrsten Sinne des Wortes gestresst
sein und Schäden erlitten haben, was ihre weitere Entwicklung nach dem Auspflanzen sehr
hemmt.

Eine gesunde Pflanze erkennen

Egal ob man sich für Ballen- oder Containerware entscheidet, um sich gut zu entwickeln,
müssen die Pflanzen gesund und kräftig sein.
Es lohnt sich deshalb, auch der Pflanzenge-
sundheit Beachtung zu schenken. Neben den
Wurzeln (kranke Wurzeln sind meist braun und
weich und lassen sich mühelos vom Wurzelballen abzupfen) müssen auch die oberirdischen Pflanzenorgane gesund sein.

Bei Sträuchern und Bäumen sind dies zunächst
einmal die Haupttriebe, die frei von Abschürfun-
gen, Rissen oder anderen Rindenverletzungen
sein sollten. Solche Verletzungen sind Eintritts-
pforten für Pilze und Bakterien. Eventuell sind
die Infektionen bereits erfolgt, die bis zum
Absterben der Pflanze führen können.

Eine gesunde Pflanze erkennt man auch an
ihrem gut durchgefärbten Laub. Je nach Sorte
kann dies etwas unterschiedlich ausfallen, gelbe
oder braune Flecken gehören aber so gut wie
nie dazu. Das Blattwerk sollte keine Deforma-
tionen, Beläge oder Fraßspuren zeigen. All dies
sind Hinweise, ob das Preis-Leistungs-Verhältnis
stimmt oder ob man sich durch die Pflanze
eventuell sogar Pflanzenkrankheiten oder Schädlinge mit nach Hause nimmt.

Qualitätssiegel helfen bei der Entscheidung

Qualitätssiegel sollen Käufern die Beurteilung
der Qualität abnehmen und die Kaufentschei-
dung erleichtern. Dafür haben berufliche Fach-
verbände für ihre Mitglieder, die turnusmäßig
überprüft werden, Qualitätsvorgaben festge-
schrieben. Häufig besitzen die geprüften Betrie-
be auch einen Endverkauf, sodass man sich
direkt beim Produzenten erkundigen kann. Bei
Bestellungen im Internet fallen die Beratung,
das Vergleichen und das eigene Beurteilen weg,
sodass Qualitätssiegel noch die beste Entschei-
dungsgrundlage bieten. Neben der Qualität ist
die Sortenechtheit wichtig, die sicherstellt, dass
es sich auch wirklich um die Sorte handelt, die
etikettiert ist. Auch innerhalb der gleichen botanischen Art können Sorten in ihren Eigenschaften stark variieren, was zu unschönen Überra-
schungen führen kann.

Mit der richtigen Pflanzengröße starten

Bei Bodendeckern ist die Pflanzenausgangsgrö-
ße nicht ausschlaggebend. Hier stehen die ver-
fügbare Quantität und der Preis im Vordergrund
(siehe S. 15). Bodendeckende Stauden und
Gehölze müssen mit bis zu 15 Stück pro Quadratmeter gepflanzt werden. Bei einer zu gerin-
gen Pflanzenzahl erkennt man die Pflanzung
nicht oder Konkurrenzpflanzen gewinnen die
Oberhand. Im Gegensatz dazu ist bei Solitär-
pflanzen die Pflanzengröße sehr wichtig. Eine
zu kleine Pflanze wirkt nicht richtig und das
gewünschte Gartenbild wird nicht erreicht.

Der Boden

Der Boden ist für Pflanzen Standort, Wasser- und Nährstoffquelle. Eigentlich handelt es sich nur um die oberen 30 cm des Bodens, in denen sich die wichtigsten Wachstumsprozesse abspielen. Dort bilden Pflanzen die meisten Wurzeln und dieser Schicht gilt die größte gärtnerische Aufmerksamkeit.

Die Bodenanalyse

Mit einem Bohrstock kann man ohne viel Mühe eine Bodenprobe nehmen und einen Blick in die oberen Schichten des eigenen Gartenbodens werfen. In der Regel ist die oberste Schicht recht dunkel. Sie besteht aus organischer Biomasse, die sich zersetzt und Pflanzen wertvolle Nährstoffe liefert. Doch auch viele mineralische Ausgangsstoffe sind in ihr enthalten. Sie sind durch Gesteinsverwitterung entstanden und dienen Pflanzen gleichfalls als Nährstoffe. Die Verbindung der beiden Ausgangstoffe Humus und Ton bietet als lockere Bodenstruktur die besten Wachstumsbedingungen für Pflanzen. Ein krümeliger Boden mit Ton- und Humusanteilen sorgt neben einer gleichmäßigen Nährstoffversorgung für Bodendurchlüftung und einen ausgeglichenen Wasserhaushalt. Eine schlechte Bodenstruktur, wie sie durch einseitige maschinelle Bodenbearbeitung, z. B. häufiges Fräsen, entsteht, verhindert eine erfolgreiche Pflanzenbesiedelung, Erosion ist die Folge. Die chemischen Eigenschaften wie pH-Wert und Salzgehalt des Bodens spielen

☀ Das Auflockern des Oberbodens erleichtert den Pflanzen das Einwachsen.

außerdem eine wichtige Rolle. Eine ungünstige Bodenchemie ist meist mitverantwortlich, wenn selbst die robustesten Pflanzen nicht mehr wachsen. Die chemischen Eigenschaften sind ständig im Wandel und verändern sich mit der Düngung. Sie sollten daher alle paar Jahre überprüft werden. Verschiedene Labore bieten diese Dienste an und geben in ihrem Bericht auch Düngeempfehlungen. So bekommt man den Schlüssel zur notwendigen Bodenvorbereitung und einer nachhaltigen Bodenpflege mitgeliefert.

Boden und Gefäße vorbereiten

Um große Flächen zu bearbeiten, mietet man sich am besten einen Minibagger oder ähnliche Erdmaschinen. Kleinere Bereiche gräbt man mit dem Spaten um und zerkleinert die Erdschollen mit einem Rechen. Letzteres ist besonders bei Herbstpflanzungen wichtig. Neupflanzungen frieren besonders leicht in groben Böden auf, Wurzelballen und Pflanze werden hier durch den Frost aus der Erde herausgedrückt. Nach Bedarf können noch Bodenverbesserer oder -aktivatoren vor dem Pflanzen untergemischt werden. Bei Bodenverbesserern handelt es sich um unterschiedliche, meist organisch-mineralische Zuschlagsstoffe wie Gesteinsmehle, Kompost, organische Materialien oder Mineralien, die fehlende physikalische Bestandteile ergänzen, die Bodenstruktur verbessern und das Bodenleben fördern. Größere Sträucher oder Bäume werden in Pflanzlöcher gesetzt, die doppelt so groß wie der Wurzelballen sind.

Pflanzgefäße müssen ausreichend große Abzugslöcher haben, damit sie später nicht von Wurzeln zugewachsen werden und sich das Wasser im Gefäß staut. Eine mehrere Zentimeter starke Drainageschicht aus Kies am Boden des Pflanzgefäßes sorgt langfristig für Wasserabfluss. Auf sie kommt die Substratschicht. Um eine Vermischung der Schichten zu verhindern, kann man ein wasserdurchlässiges Vlies zwischen Drainage und Substrat legen. Verwendet man Holzkübel, sollte man diese unbedingt von innen mit Plastikfolie ausschlagen, es verlängert ihre Haltbarkeit um viele Jahre. Für Gefäße benötigt man Substrate, wie sie auch in der Dachbegrünung angewendet werden, sie sind sehr strukturstabil. Ein unpassendes Substrat kann in wenigen Jahren die Hälfte seines Volumens verlieren. Vor dem Pflanzen wird Langzeitdünger untergemischt. Durch Nachdüngen werden später entzogene Nährstoffe ergänzt.

☀ Eine Drainageschicht für guten Wasserabzug wie hier aus Tonscherben ist gerade bei Gefäßen wichtig, um Staunässe bei zu ausgiebigem Gießen zu vermeiden.

Das Pflanzen

Das Frühjahr ist die beste Pflanzzeit. Die Pflanzen können bis zum Winter in aller Ruhe einwurzeln und Reserven für die Winterruhe einlagern. Außerdem kann man sich schon den ganzen Sommer über an der neuen Gartengestaltung erfreuen. Der Herbst ist ebenfalls eine gute Pflanzzeit, im Sommer können jedoch nur Containerpflanzen gepflanzt werden. Die gekauften Pflanzen sollten so schnell wie möglich eingesetzt werden. Wochenlanges Stehenlassen führt zu mangelhafter Pflege, das Gießen wird leicht vergessen und die Pflanzen nehmen Schaden. Eine kränkliche Pflanze wächst immer schlechter an als eine gesunde. Bis zu einer

☀ Bei veredelten Pflanzen muss die Veredelungsstelle deutlich über dem Bodenniveau liegen.

Woche können Pflanzen trotzdem ohne größere Schäden zwischengelagert werden.

Gehölze pflanzen

Gehölze können als Ballenware, mit Ballenleinen und -draht zusammengebunden, gekauft werden. Leinen und Draht verrotten später einmal und müssen daher nur in Pflanzgefäßen vollständig entfernt werden. Im Freien wird das Ballenleinen erst vor dem Antreten an seiner Verknotung am Wurzelhals zerschnitten, damit es später nicht einwächst. Egal ob Ballen- oder Containerpflanzen, die Wurzelballen müssen vor dem Pflanzen gut gewässert werden, da eingepflanzte ausgetrocknete Ballen nur äußerst schwer wiederbenetzbar sind.

Das Pflanzloch nicht zu flach oder zu tief ausheben, da zu hoch gesetzte Pflanzen (Wurzelballen ragt über die Grasnarbe) leicht umfallen und zu tiefes Pflanzen (Wurzelballen liegt tief im Pflanzloch, Erde wird an den Stamm gehäufelt) den Wurzelhals faulen lässt. Eine Faustregel besagt, dass das Pflanzloch mindestens die doppelte Größe des Wurzelballens haben sollte. In steinigen oder lehmigen Böden das Pflanzloch am besten noch ein wenig größer ausgraben, damit der angrenzende Boden mit Zuschlagstoffen verbessert werden kann. Wenn die Pflanze ausgerichtet ist, kann das Pflanzloch mit Aushub verfüllt werden. Jede Pflanze hat eine »Schokoladenseite«, die durch Drehen im Pflanzloch gefunden werden kann. Durch Fest-

treten der Erde – in Pflanzgefäßen durch Andrücken – bekommt der Ballen Erdschluss und die
Pflanze steht stabil. Zu festes Antreten führt zu
Bodenverdichtung und die Wurzeln sterben ab,
zu schwaches Antreten lässt die Pflanze umfallen. Erst nach dem Verfüllen wird angegossen,
da das Wasser die Erde zusätzlich verdichtet.
Bei größeren Bäumen ist ein Pfahl als Wind-
und Anwachsstütze nötig. Abschließend wird
bei größeren frei stehenden Gehölzen ein Gieß-
rand um das Pflanzloch geformt, der aussieht
wie ein Burggraben, in dem das Wasser nach
dem Gießen stehen bleibt. Er hilft beim
Anwachsen, da das Wasser so direkt am Wurzelballen bleibt.

Bodendecker und Kletterpflanzen pflanzen

Häufig wird geraten, Wurzelballen vor dem
Pflanzen aufzureißen, da dadurch Wurzelbildung
und -verzweigung angeregt würden. Eigentlich
ist dies nur zum Teil richtig, denn hochwertige
Pflanzen sind mehrfach verpflanzt und die Wur-
zelverzweigung formt den Ballen. Ein Anreißen
der Wurzeln verletzt sie und bietet Eintritts-
pforten für Krankheitserreger. Bodendecker für
Flächenbegrünungen werden in größeren
Stückzahlen pro Quadratmeter gepflanzt. Mit
einer Pflanzschaufel werden Löcher aufgezo-
gen, in die der Wurzelballen gerade eben passt.
Nach einem kurzen Andrücken kann gleich die
nächste Pflanze gepflanzt werden.

☀ Beim Anbinden von Kletterpflanzentrieben darauf
achten, die Triebe nicht einzuschnüren.

Kletterpflanzen benötigen nach der Pflanzung
eine Kletterhilfe, ausgenommen, sie besitzen
Haftwurzeln oder -scheiben. Sie sind meist schon
beim Kauf an Kletterhilfen wie Bambusstäbe aufgebunden, die nach der Pflanzung entfernt werden. Die Triebe bindet man gleich an die neue
Kletterhilfe. In Hinsicht auf spätere Jahreszuwächse nicht zu fest verschnüren! Das Angießen nach
dem Pflanzen ist sehr wichtig, es sorgt für Bodenschluss und reduziert den Pflanzstress.

Bedarfsgerecht düngen

Die Nährstoffe, die für das Pflanzenwachstum benötigt werden, sind in der Natur normalerweise im Boden ausreichend vorhanden. Nährstoffkreisläufe wie in der Natur finden sich aber im Hausgarten nur eingeschränkt wieder, wodurch Nährstoffergänzung durch Düngung notwendig wird. Eine Unterversorgung mindert nicht nur das Wachstum, sondern steigert auch die Anfälligkeit für Krankheiten. Die Ausbringung von Düngemitteln ist eine eher technische Angelegenheit, da zu ergänzende Nährstoffmenge und spezifische Nährstoffkonzentration des Düngers abgestimmt werden müssen. Die im Handel erhältlichen Dünger weisen auf deren Verpackung die dazu nötigen Angaben auf.

Organische Düngemittel

Gartenabfälle wie Mulch, Falllaub oder Kompost führen Boden und Pflanzen Nährstoffe als Rohstoffe zu, wodurch zumindest ein Teil des natürlichen Nährstoffkreislaufes aufrechterhalten bleibt. Die Zersetzung von organischem Material geschieht durch Bodenlebewesen, deshalb hat das Ausbringen von organischem Material auch direkten Einfluss auf das Bodenleben. Tiere wie der Regenwurm ernähren sich von organischer Substanz und ziehen Falllaub in ihre Gänge hinein, wodurch Mikroorganismen und Bodenstruktur gefördert und verbessert werden. Ein unaufgeräumter Garten, in dem Falllaub in den Beeten bleiben kann, oder das gezielte Ausbringen von Gartenabfällen sind die einfachsten Formen der Düngung, die auch gleichzeitig das Bodenleben fördern. Gartenabfälle allein reichen als Düngung bei Weitem nicht aus. Häufig tritt eine Gartenabfallschwemme saisonal im Sommer oder Herbst auf, wenn kaum Dünger benötigt wird. In Pflanzgefäßen können sie überhaupt nicht verwendet werden. Daher benötigt man Handelsdünger, die – von Körnung und klimatischen Faktoren abhängig – schneller oder langsamer in pflanzenverfügbare Nährstoffe umgewandelt werden. Im Handel gibt es sie als Mehl, Gries, Späne oder Pellets.

Mineralische Düngemittel

Mineralische Düngemittel werden industriell hergestellt und können nahezu beliebig zusammengesetzt werden. Mit ihren unterschiedlichen chemischen Verbindungen können mineralische Dünger die Nährstofffreisetzung direkt beeinflussen. Allerdings fördern mineralische Düngemittel nicht in dem Umfang das Bodenleben wie organische Dünger, weshalb Kombi-Präparate aus beidem die Vorteile vereinen. Sind in Düngern Haupt- und Spurennährstoffe vorhanden, wird von Volldüngern gesprochen. Dünger, die Nährstoffe über mehrere Monate hinweg langsam freisetzen, werden als Langzeitdünger bezeichnet. Langzeitdünger sind teurer, aber für Pflanzgefäße besonders geeignet. Ein- oder zweimal im Jahr ausgebracht, versorgen sie die Pflanzen mit allen Nährstoffen.

Düngepraxis

Eine Startdüngung im Frühjahr kurz vor dem Aufbrechen der Knospen ermöglicht den Pflanzen eine Grundversorgung. Mit dieser Grunddüngung werden etwa zwei Drittel des gesamten Nährstoffbedarfs der gesamten Wachstumsperiode abgedeckt, das restliche Drittel wird über die Saison verteilt zugeführt. Dies gilt auch für Pflanzgefäße, die am besten mit umhüllten Langzeitdüngern gedüngt werden. Besonders im Frühjahr, wenn sich viel Blattmasse entwickelt, ist eine ausreichende Stickstoffversorgung wichtig. Ab dem Spätsommer hilft eine gute Kaliumversorgung, die Win-terhärte zu erhöhen (s. S. 86). Da organische Dünger erst noch in Nährstoffe umgewandelt werden müssen, ist ihre Körnung wichtig. Je feiner sie sind, umso schneller werden sie zersetzt.

Überdüngung führt indes zu massiven Pflanzenschäden, die Wurzeln sterben ab und im weiteren Verlauf die ganze Pflanze. Dauerhaftes Düngen mit Volldüngern kann zur chemischen Veränderung des Bodens führen. Nährstoffe werden festgelegt oder blockieren die Aufnahme anderer Nährstoffe. Eine Bodenanalyse in Kombination mit einer Düngeempfehlung hilft bei der Bedarfsermittlung, um die Bodenfruchtbarkeit zu erhalten.

☀ Eine ordentliche Kompostgabe im Frühling gibt den Pflanzen Kraft für Wachstum und Blüte.

Winterschutz

Für Frostschäden anfällig sind neben Pflanzen aus anderen Klimazonen Neupflanzungen, besonders wenn sie im Herbst angelegt wurden. Sie hatten wenig Zeit, um einen guten Bodenschluss mit dem umgebenden Erdreich zu bekommen und ihr Wurzelwerk in tiefere Schichten auszudehnen. Jungpflanzen hatten noch nicht die Zeit, ihr Gewebe auszudifferenzieren und in Speicherorganen Reservestoffe einzulagern. Pflanzen besitzen viele physiologische Eigenheiten, um sich vor der Kälte zu schützen, doch sie können gärtnerisch dabei unterstützt werden.

Der Winter naht

Bereits im Spätsommer, wenn die Tageslänge abnimmt, leiten Pflanzen das Ende der Wachstumsperiode ein und bereiten sich auf die Winterruhe vor. Die meisten Arten werfen im Herbst ihr Laub ab, um ihre Transpirationsfläche und damit ihren Wasserbedarf zu reduzieren, denn gefrorenes Wasser kann nur schwer aufgenommen werden. Der Wassertransport und die Zelldifferenzierung werden vom Nährelement Kalium unterstützt. Mit einer kaliumbetonten Düngung ab dem Spätsommer kann die Pflanze beim Übergang in die Winterruhe unterstützt werden.

Pflanzen können auch mit Abdeckungen gegen Frost geschützt werden, sie bieten sich besonders für Neupflanzungen an. Abdeckungen müssen immer aus luftdurchlässigem Material sein, am besten organisch, da sie dann gleichzeitig ein natürlicher Dünger sind. Außerdem verhindert Plastik den Luftaustausch, was zu Fäulnis führt. Neben Gartenabfällen gibt es Kokosmatten, Vliese und Juteleinen. Während diese Materialien hygienisch problemlos sind, gibt es Pilzkrankheiten, die auf dem Falllaub

☀ Falllaub als Mulch zu verwenden hat viele Vorteile. Es ist aufgeräumt, Dünger und Winterschutz zugleich. Allerdings sollte es nicht mit Pilzkrankheiten belastet sein.

überwintern und im kommenden Frühjahr die austreibenden Blätter infizieren. Solches Falllaub ist ungeeignet und muss entsorgt werden. Egal für welchen Frostschutz man sich entscheidet, er muss ausreichend dimensioniert sein. Ist der Schutz zu dünn, erfüllt er seinen Zweck nicht. Das Ausbringen von Mulchschichten hat sich besonders in Rabatten bewährt, kleinere Bodendecker frieren dadurch nicht auf. Pflanzgefäße oder einzelne Pflanzen können mit einem Vlies umwickelt werden, doch sie dürfen nicht austrocknen. Ein trockener Wurzelballen wird durch Frost stark geschädigt, weshalb auch im Winter ab und zu gegossen werden muss.

Das Frühjahr kommt

Äußerst traurig sind erfrorene Austriebe und Blüten, wenn man sich auf den Frühling freut. Leichte Spätfröste schaden Pflanzen häufiger als harte Winterfröste. Besonders in Kombination mit Wind kühlt die Temperatur sehr stark ab und die frischen Blüten und Blätter sind schutzlos ausgeliefert. Die Triebe von Pflanzen an Hauswänden oder Rabatten erfrieren dann meist an der zum Garten gewandten Seite, da die Hauswand oder Rabatte Wärme reflektiert. Mit einem Vlies werden auch windexponierte Pflanzen vor Frösten geschützt.

Ältere Pflanzen sind meist so gut an ihrem Standort eingewachsen, dass sie durch ihre Größe abgehärtet und somit weniger anfällig gegen Frostschäden sind. Doch die Stämme alter Bäume bleiben gefährdet, wenn die Temperaturen sehr tief sind und sie einseitig von der Sonne beschienen werden. Während die sonnenabgewandte Seite sehr kalt bleibt, erwärmt sich die gegenüberliegende Seite stark. Es entstehen Spannungen im Holz und der Stamm kann platzen oder reißen. Um diese Temperaturspannungen zu verhindern, können die Stämme mit einer speziellen Farbe geweißelt werden. Die weiße Farbe reflektiert das Sonnenlicht und die der Sonne zugewandte Seite erwärmt sich dann nicht so stark.

☀ Pflanzen in Gefäßen schützt man mit Jute oder Kokosmatten vor dem Durchfrieren. Tannenreisig schützt die Oberfläche und man kann etwas gießen.

Der richtige Pflanzenschnitt

Der regelmäßige Schnitt ist eine sehr wichtige Pflegemaßnahme. In der Natur schneidet zwar niemand die Pflanzen, Tiere und der Wind sorgen jedoch auch hier für Eindämmung des Wuchses, Verjüngung und Entfernung von totem Material.

Durch Rückschnitt von Pflanzen im Garten entfernt man Totholz, das nicht mehr ansehnlich ist, verkleinert zu groß gewordene Pflanzen und dämmt z. B. auch Pilzinfektionen ein, die auf die ganze Pflanze übergreifen könnten. Der Pflanzenschnitt ist aber nicht nur für die Pflanzenhygiene wichtig, er schützt vor Unfällen durch Windbruch an Bäumen und die Kronenentwicklung kann gezielt geformt werden.

Gehölze schneiden

Bevor man anfängt zu schneiden, ist es wichtig zu wissen, an welchem Jahrestrieb (ein- oder mehrjähriges Holz) die Pflanze blüht, damit man nicht die Blütenknospen wegschneidet. Gehölze werden eigentlich nur in laublosem Zustand, also im Winter, geschnitten. Wird zu anderen Jahreszeiten geschnitten, birgt das immer die Gefahr von Pflanzenschäden durch Ausbluten oder Krankheitsinfektionen. Im Winter haben die Pflanzen ihren Saft im Holzkörper reduziert, wodurch die Schnittstellen schnell abtrocknen. Sofern keine großen Äste aus einer Baumkrone gesägt werden müssen, wird immer auf eine Knospe geschnitten, die später durchtreiben und die Schnittstelle verdecken wird.

Allerdings muss dabei beachtet werden, dass man nicht zu weit entfernt von der Knospe schneidet. So ein Stumpf wird gerne als Kleiderhaken verspottet und sieht zudem nicht gut aus. Bei zu nahem Schnitt an der Knospe kann verletzt und zerstört werden. Wird auf eine nach außen zeigende Knospe geschnitten, wird sich die Krone folglich verbreitern. In Baumkronen schneidet man bei sich überkreuzenden Ästen einen heraus, da sie bei Sturm aneinanderreiben und die Rinde verletzen. Infektionen und Bruchgefahr sind die Folge. Sträucher werden hingegen ausgelichtet, damit möglichst auch innen liegende Knospen austreiben und so eine volle Krone entsteht. Werden Sträucher zuerst lange nicht und dann radikal geschnitten, treiben innen liegende Knospen (schlafende Knospen) nicht mehr aus und der Strauch wirkt kahl. Diesen Fehler sieht man häufig an alten Hecken. Bäume und Sträucher, wenn sie nicht als Hecke wachsen, werden individuell unterschiedlich geschnitten. Bei den meisten Sträuchern heißt Verjüngen, alte Triebe bodennah zu entfernen. Schneideempfehlungen für einzelne Gehölze können der Fachliteratur entnommen werden.

Stauden schneiden

Stauden werden meist im Herbst geschnitten, wenn sie bereits eingezogen haben. Damit wird verhindert, dass junge Austriebe im nächsten Frühjahr durch faulende Biomasse aus dem Vorjahr absterben. Ausgenommen davon sind

Gräser, sie werden erst im Frühjahr geschnitten, wenn die neuen Triebe bereits sichtbar sind (siehe Chinaschilf S. 59). Das Abschneiden abgeblühter Blüten, sofern nicht die Früchte schön sind, lässt viele Stauden wieder ansprechend werden.

Bei remontierenden Stauden wie dem Frauenmantel oder dem Rittersporn wird nach der ersten Blüte die gesamte oberirdische Blattmasse bodennah abgeschnitten, um eine zweite Blüte zu fördern. Außerdem hilft der Schnitt gegen unkontrolliertes Aussamen. Das Schnittgut ist sehr gut für das Mulchen oder den Kompost geeignet, nur pilzinfiziertes Laub wird entsorgt, damit die Pilzsporen nicht weitere Pflanzen infizieren können.

Kletterpflanzen schneiden

Kletterpflanzen werden eigentlich nur dann geschnitten, wenn sie aufgrund ihres Gewichtes oder der Ausbreitung zu wuchtig oder eine Gefahr für Dachrinne und Co. werden. Durch das Gewicht werden Kletterhilfen stark belastet und können kaputtgehen. Große Kronen können bei Stürmen mitsamt der Kletterhilfe abreißen. Daher reduziert man alle paar Jahre die Krone, indem man sie auf die Haupttriebe zurückschneidet. Ein Schnitt im Frühjahr lässt die neuen Triebe schon sehr bald die Wand oder die Kletterhilfe wieder begrünen und die kahle Stelle ist nur kurz sichtbar. Einige Kletterpflanzen wie der Schling-Knöterich besitzen ein Turbowachstum von bis zu 8 m im Jahr. Er kann direkt auf den Stock gesetzt, das heißt direkt über dem Boden abgeschnitten werden.

☀ Um den Austrieb innen liegender Knospen zu fördern, schneidet man alte, nach innen gewandte Äste aus.

☀ Remontierende Stauden wie hier den Frauenmantel schneidet man direkt nach der Blüte im Juni. Die Stauden treiben neu aus und blühen im Spätsommer noch einmal.

Weiterführende Informationen

Adressen

Pflanzeninformation/Sorten/Verwendung

Botanischer Garten München-Nymphenburg
Menzinger Straße 61
80638 München
Telefon: +49 (0)89 17861-316 Informationsansage
Telefax: +49 (0)89 17861-321 Führungen, Programm etc.
E-Mail: botgart@botmuc.de
Internet: http://www.botmuc.de

Interaktive Karte mit den botanischen Gärten Deutschlands:
Verband botanischer Gärten
Internet: www.verband-botanischer-gaerten.de/pages/
karte.html

Weihenstephaner Gärten
Am Staudengarten 7
85354 Freising
Telefon: +49 (0)8161 71-4026 (vormittags)
Telefax: +49 (0)8161 71-5596
E-Mail: gaerten@hswt.de
Internet: www.hswt.de/weihenstephaner-gaerten.html
Öffnungszeiten: 1. April bis 31. Oktober, auch an
Sonn- und Feiertagen 9:00–18:00 Uhr

Bund deutscher Staudengärtner (BdS)
Godesberger Allee 142–148
53175 Bonn
Telefon: +49 (0)228 81002-55
E-Mail: info@stauden.de
Internet: www.bund-deutscher-staudengaertner.de/cms/

Bund deutscher Baumschulen (BdB) e.V.
Kleine Präsidentenstraße 1
10178 Berlin
Telefon: +49 (0)30 2408699-0
Telefax: +49 (0)30 2408699-31
E-Mail: info@gruen-ist-leben.de
Internet: www.gruen-ist-leben.de

Pflanzenindex – Pflanzeneinkaufsführer für Europa
im Internet: www.ppp-index.de

Beratung für Freizeit- und Hobbygärtner

Gartenakademie Hessen
Brentanostraße 9
65366 Geisenheim
Gartentelefon.: +49 (0)1805 7299-72
E-Mail: hessische.gartenakademie.gs@llh.hessen.de
Internet: www.llh.hessen.de/gartenakademie.html

Bayerische Gartenakademie
An der Steige 15
972069 Veitshöchheim
Gartentelefon: +49 (0)931 9801-147
Mo, Do: 10:00–12:00 Uhr und 13:00–16:00 Uhr
E-Mail: bay.gartenakademie@lwg.bayern.de
Internet: www.lwg.bayern.de

Gartenakademie Baden-Württemberg e.V.
Diebsweg 2
69123 Heidelberg
Gartentelefon: +49 (0)9001 042290
(50 ct/min aus dem dt. Festnetz)
E-Mail: gartenakademie@lvg.bwl.de
Internet: www.gartenakademie.info

Insel Mainau
Grünes Telefon +49 (0)7531 303-333

Landwirtschaftskammer Niedersachsen
Niedersächsische Gartenakademie
Hogen Kamp 51
26160 Bad Zwischenahn
Gartentelefon: +49 (0)4403 983811
Jeden Montag und Freitag von 9:00–12:00 Uhr
E-Mail: gartenakademie@lwk-niedersachsen.de
Internet: www.nds-gartenakademie.de

Gartenakademie Rheinland-Pfalz
DLZ Ländlicher Raum - Rheinpfalz
Breitenweg 71
67435 Neustadt/Weinstraße
Gartentelefon: +49 (0)180 5053202
(14 ct/min aus dem dt. Festnetz)
Mo: 9:00–13:00 Uhr, Do: 13:00–16:00 Uhr
E-Mail: gartenakademie@dlr.rlp.de
Internet: www.gartenakademie.rlp.de

Saarländische Gartenakademie
Landwirtschaftskammer für das Saarland
Dillinger Straße 67
66822 Lebach
Gartentelefon: +49 (0)6881 928-109
E-Mail: karen.falch@lwk-saarland.de
Internet: www.lwk-saarland.de

Sächsische Gartenakademie
Söbrigener Straße 3a
031326 Dresden-Pillnitz
Gartentelefon: +49 (0)351 2612 8080,
Donnerstags von 14:00–17:00 Uhr
E-Mail: gartenakademie@smul.sachsen.de
Internet: www.smul.sachsen.de/lfulg

GartenAkademie Thüringen
Ruth Bredenbeck
Hinter der Mühle 19
99095 Erfurt
Informiert telefonisch über das Gartentelefon der Bayerischen
Gartenakademie (siehe linke Seite)
E-Mail: info@gartenakademie-thueringen.de
Internet: www.gartenakademie-thueringen.de

Bodenuntersuchungen

Agrolab Labor GmbH
Dr.-Pauling-Straße 3
84079 Bruckberg
Telefon: +49 (0)8765 93996-0
Internet: www.agrolab.de

Institut Koldingen GmbH
Breslauer Straße 60
31157 Sarstedt
Telefon: +49 (0)5066 90193-0
E-Mail: sarstedt@agrolab.de

Landwirtschaftliches Bodenlabor
Dr. Eugen Lehle
Heerstraße 37/1
89150 Laichingen-Machtolsheim
Telefon: +49 (0)7333 947212
Internet: www.bodenlabor.de

Analytik Institut Rietzler GmbH
Laborstandort Ansbach
Zielgelhütte 3
91522 Ansbach
Telefon: +49 (0)981 972577-20
Internet: www.rietzler-analytik.de

Chemisches Labor Dr. Graser
Goldellern 5
97453 Schonungen
Telefon: +49 (0)9721 7576-0
Internet: www.labor-graser.de

Ingenieurbüro für Materialreports und Umweltanalytik –
IfMU GmbH
Bgm.-Finsterwalder-Ring 10
82515 Wolfratshausen
Telefon: +49 (0)8171 3801-00
Internet: www.gartenpass.de

Institut Dr. Nuss GmbH & Co. KG
Schönbornstraße 34
97688 Bad Kissingen
Telefon: +49 (0)971 7856-0
Internet: www.institut-nuss.de

BGD-Bodengesundheitsdienst GmbH
Marktbreiter Straße 74
97199 Ochsenfurt
Telefon: +49 (0)9331 91481
Internet: www.bodengesundheitsdienst.de

Weiterführende Literatur

Bärtels/Von Berger/ Barlage: Das große Buch der Gartenpflanzen, Verlag Eugen Ulmer, 2013.

Bayerischer Rundfunk (Hrsg.) (2009–2015): Querbeet:
Jahrbücher. Av Buch im Cadmos Verlag.

Borchardt, Prof. Dr. Wolfgang: Pflanzenverwendung –
Das Gestaltungsbuch, Verlag Eugen Ulmer, 2013.

Diederichs, Margareta: 707 Ideen für den Garten,
BLV Buchverlag 2013.

Hertle, B. und *Kiermeier, P.:* Gartenblumen:
Über 400 Stauden, Sommer- und Zwiebelblumen
(GU Garten Extra). Gräfe und Unzer Verlag GmbH, 2013.

Leyhe, U. und *Bespaluk, S.:* Blumenbeete: Einfache Pflanz-
rezepte zum Nachgestalten. BLV Buchverlag, 2014.

Lohrer, T.: Ende mit Schnecken: 160 Krankheiten und
Schädlinge im Ziergarten erkennen und bekämpfen.
Eugen Ulmer Verlag, 2013.

Waechter, Dorothée: Der schnelle Garten, BLV Buchverlag,
2012.

Warda, H.D.: Das große Buch der Garten- und
Landschaftsgehölze. Bruns-Pflanzen-Export, 2002.

Weigelt, Lars: Gartenideen – Akzente für kleine und große
Gärten, Becker Joest Volk Verlag, 2016.

Wolf, R., Baumjohann, D. und *Baumjohann, P.:*
Das große BLV Handbuch Schnitt: Obst- und Ziergehölze –
Rosen – Stauden. BLV Buchverlag, 2016.

Stichwortverzeichnis

Seitenzahlen mit * verweisen auf Abbildungen

Bildnachweis

Über den Autor

Till Hägele arbeitete in verschiedenen Gärtnereien (Zierpflanzen, Garten-
gestaltung und Stauden) und dem Botanischen Garten Darmstadt, bevor
er nach Irland in eine Baumschule ging. Nach seinem Studium zum
Dipl.-Ing. (FH) Gartenbau an der Fachhochschule Weihenstephan in Frei-
sing ist er seit 2001 Leiter der Gewächshausabteilung des Botanischen
Gartens in München. Seit vielen Jahren bildet er Gärtner aus und ist auch
Mitglied im Prüfungsausschuss. Mit Fachvorträgen auf Symposien und
Publikationen ist er auch international tätig. Bekannt wurde er durch seine
Mitwirkung als Gartenexperte in der BR-Sendung »Querbeet«.

Impressum

**Bibliografische Information der
Deutschen Nationalbibliothek**

Die Deutsche Nationalbibliothek verzeichnet
diese Publikation in der Deutschen National-
bibliografie; detaillierte bibliografische Daten
sind im Internet über http://dnb.d-nb.de
abrufbar.

BLV Buchverlag
GmbH & Co. KG

80636 München

© 2017 BLV Buchverlag GmbH & Co. KG,
München

Umschlagkonzeption und -gestaltung: BLV-Verlag
Umschlagfotos:
Mauritius Images/RBflora/Alamy (vorne);
photowind – shutterstock.com (hinten links),
Gary Andrews – shutterstock.com (hinten
rechts)

Lektorat: Corina Steffl
Herstellung: Ruth Bost
Layoutkonzept Innenteil: griesbeckdesign,
München
Layout: Kathrin Michel, München

Gedruckt auf chlorfrei gebleichtem Papier

Printed in Germany
ISBN 978-3-8354-1629-1

Hinweis
Das vorliegende Buch wurde sorgfältig erar-
beitet. Dennoch erfolgen alle Angaben ohne
Gewähr. Weder Autor noch Verlag können
für eventuelle Nachteile oder Schäden, die
aus den im Buch vorgestellten Informationen
resultieren, eine Haftung übernehmen.

www.facebook.com/blvVerlag

BLV im WEB

In unserem Webshop warten weit über 500 lieferbare Titel zu den Themen Garten, Natur, Sport, Fitness, Kreativ und Kochen auf Sie.

Surfen Sie doch mal vorbei, bestellen Sie **versandkostenfrei** und zahlen Sie bequem z.B. **auf Rechnung** oder schnell via **Paypal**.

Versandkostenfrei bestellen: www.blv.de